湖北省公益学术著作出版专项资金
Hubei Special Funds for Academic and Public-interest Publications

湖北博物馆馆藏陶瓷文物保护与利用研究丛书（第一辑）

李　奇　主编

荆州博物馆馆藏陶瓷文物保护与利用研究

贾汉清　祁筱菡　主编

湖北省博物馆　荆州博物馆　编

江　月　潘荆南　袁　玫　刘　露　副主编

武汉理工大学出版社

·武　汉·

图书在版编目(CIP)数据

荆州博物馆馆藏陶瓷文物保护与利用研究/贾汉清,祁筱菡主编;湖北省博物馆,荆州博物馆编.—武汉 :武汉理工大学出版社,2023.12
(湖北博物馆馆藏陶瓷文物保护与利用研究丛书 /李奇主编. 第一辑)
ISBN 978-7-5629-6923-5

Ⅰ.①荆… Ⅱ.①贾… ②祁… ③湖… ④荆… Ⅲ.①博物馆—古代陶瓷—文物保护—研究—荆州 Ⅳ.①K876.34

中国国家版本馆 CIP 数据核字(2023)第 215568 号

Jingzhou Bowuguan Guancang Taoci Wenwu Baohu yu Liyong Yanjiu

荆州博物馆馆藏陶瓷文物保护与利用研究

项目负责人:王 思
责 任 编 辑:王 思
责 任 校 对:黄玲玲
版 面 设 计:正风图文
出 版 发 行:武汉理工大学出版社
地 址:武汉市洪山区珞狮路 122 号
邮 编:430070
网 址:http://www.wutp.com.cn
经 销 者:各地新华书店
印 刷 者:武汉精一佳印刷有限公司
开 本:889 mm×1194 mm 1/16
印 张:14.75
字 数:220 千字
版 次:2023 年 12 月第 1 版
印 次:2023 年 12 月第 1 次印刷
定 价:196.00 元
凡购本书,如有缺页、倒页、脱页等印装质量问题,请向出版社发行部调换。
本社购书热线电话:027-87391631 87523148 87165708(传真)

湖北博物馆馆藏陶瓷文物保护与利用研究丛书（第一辑）

编委会

丛书前言
Preface to the book series

陶瓷器物自古以来都是中国非常重要的生活用具、艺术作品和贸易商品，是中国文化中最具世界影响力的元素之一。它贯穿整个中国社会发展历史，每个时期生产的陶瓷器物都承载着那个时期社会发展方方面面的信息，有的幸运地遗留至今成为文物，因陶瓷材料化学性能稳定而成为历史真实的“记录器”。

党的十八大以来，以习近平同志为核心的党中央高度重视历史文化遗产保护传承和文物保护利用工作。习近平总书记多次对此作出重要指示批示：“要把历史文化遗产保护放在第一位，同时要合理利用，使其在提供公共文化服务、满足人民精神文化生活需求方面充分发挥作用”“要加强考古工作和历史研究，让收藏在博物馆里的文物、陈列在广阔大地上的遗产、书写在古籍里的文字都活起来，丰富全社会历史文化滋养”。

陶瓷材质的文物是各个地方博物馆收藏品中的大宗门类之一，大多征集或出土于当地，是当地社会、经济、文化发展历史的重要见证物。其中，发生破损的陶瓷器物更是在被流转、保护、使用、改造、修补、掩埋过程中，携带着其被制作出来后各个时期中国人行为活动的痕迹，既能呈现中国历史的波澜壮阔，也能反映历代中国人的烟火生活。陶瓷文物是承担新时代文物保护工作历史使命的最佳品种之一。科学推进陶瓷文物的保护利用，是贯彻习近平总书记关于文物工作重要指示批示精神，坚持“保护第一、加强管理、挖掘价值、有效利用、让文物活起来”的新时代文物工作方针，推进文化旅游事业繁荣发展的具体举措。

湖北是文物大省，根据第一次全国可移动文物普查数据，湖北省国有博物馆收藏的可移动文物总量为 1 332 318 件（套），其中陶瓷文物 186 262 件（套），约占文物总量的 13.98%。然而，其中有 38.40%的陶瓷文物存在不同程度的破损。基于此状况，2018年2月，湖北省文物局组织湖北省文物交流信息中心[①]实施了“湖北省国有博物馆馆藏陶瓷类文物保护利用研究”课题。该课题以第一次全国可移动文物普查数据为基础，以湖北省国有博物馆馆藏陶瓷文物为研究对象，通过统计调查、实地调查和问卷调查等方式，基本弄清了湖北省国有博物馆馆藏陶瓷文物资源总体情况以及保护利用现状，并对陶瓷文物的管理、保护、展陈、利用及文创开发等进行了研究。2020年4月出版的《湖北省国有博物馆馆藏陶瓷文物保护及活化研究》一书即为此课题的重要成果。但该课题并没有对湖北省各个博物馆馆藏陶瓷文物的保护利用进行具体研究、深入挖掘。此次湖北省博物馆联合省内多家博物馆编写“湖北博物馆馆藏陶瓷文物保护与利用研究丛书（第一辑）”，是对该课题成果的具象化。

本丛书从博物馆实际工作出发，探索陶瓷文物保护修复、展示利用的理论与实务，具有指导性、普及性、实操性，填补了同类出版物的空白，能为湖北省乃至全国各地博物馆馆藏陶瓷文物保护及活化研究提供示范和指引；为湖北省陶瓷文物保护利用提供行动指南，促进湖北省陶瓷文物保护利用整体水平提升；挖掘出尚不为人知的湖北省陶瓷文物资源，发挥最大资源潜能，提升现有珍贵陶瓷器物研究的深度和广度，增强陶瓷文物展陈能力，拓展利用空间；扩大湖北省陶瓷文物资源在全国乃至全世界的影响力，助推当地经济、文化事业发展，从而对普及、传播悠久的中国陶瓷文化，赋能湖北文物事业高质量发展起到积极作用。

湖北省博物馆党委委员、副馆长、研究馆员　李奇

2023年8月

① 湖北省文物交流信息中心于2023年并入湖北省博物馆，为方便叙述，下文仍沿用原名。

前 言
Preface

荆州历史悠久，鸡公山遗址的发掘证实了距今 5 万至 1 万年前原始人类已在此栖息和劳作，荆州先后出现大溪文化、屈家岭文化、石家河文化、楚文化等，留下了丰富的历史文化遗存。

荆州博物馆始建于 1958 年，是首批国家一级博物馆，是荆楚文化的艺术殿堂，是古城荆州的亮丽名片。自 20 世纪 70 年代以来，荆州博物馆共发掘了 9 000 余座古墓葬和 20 余万平方米的古文化遗址，出土文物 14 万余件（套）。截至 2022 年 12 月，荆州博物馆有文物藏品 19.6 万余件（套），其中国家珍贵文物 17 950 件（套），包括国家一级文物 614 件（套），二级文物 1 259 件（套），三级文物 16 077 件（套）。荆州博物馆藏品几乎囊括了代表楚文化的所有种类，是楚文化的艺术宝库。荆州博物馆馆藏陶器 25 079 件（套）、瓷器2 557件（套），常设展览“陶苑奇珍——荆州出土古代瓷器展”，展示了荆州地区历年考古发掘出土的各历史时期瓷器精品，以两晋、唐宋、元明时期古遗址、古墓葬出土的瓷器为主，呈现出器类繁多、器形丰富的特点，能较全面地反映中国古代瓷器发展的几个主要阶段。

习近平总书记指出，“让收藏在博物馆里的文物、陈列在广阔大地上的遗产、书写在古籍里的文字都活起来”。文物是不可再生的历史文化资源，加强文物保护、管理和合理利用，对传承文化根脉、凝聚民族精神、增强民族自尊心和自豪感具有重要意义。为进一步做好文物保护工作，荆州博物馆先后三次开展陶瓷藏品保护修复工作，选出 140 件（套）陶质彩绘文物、180 件（套）瓷器文物进行保护修复，并在保护修复的基础上探索如何更好地进行陶瓷文物预防性保护及展示利用。

本书以荆州博物馆开展的三次陶瓷藏品保护修复项目为切入点，主要介绍荆州博物馆的陶瓷藏品保护、利用展示与研究情况。本书共五章，第一章主要介绍了荆州的地理位置、自然环境、发展历史及人文环境，荆州博物馆历史沿革、藏品状况、展览与宣教成果；第二章和第三章分别介绍了陶质彩绘文物和瓷器文物保护修复项目实施情况，包括项目概述、现状调查、检测分析、价值评估、保护修复技术路线、保护修复实施过程、保护修复重难点及其处理和部分文物修复前后对比等；第四章介绍了陶瓷文物预防性保护与展示利用；第五章展示了荆州博物馆馆藏陶瓷文物精品。

本书较为全面地介绍了荆州博物馆馆藏陶瓷藏品、陶瓷文物保护项目开展情况和展示利用情况。本书的编写不仅是对荆州博物馆以往工作尤其是陶瓷文物保护工作的回顾及总结，也可为荆州博物馆未来开展陶瓷文物保护工作提供基础资料。同时，也希望通过本书为荆州博物馆馆藏资源保护利用、湖北陶瓷文物资源保护利用作出贡献。

本书由荆州博物馆贾汉清、湖北省博物馆祁筱菡担任主编；荆州博物馆江月、潘荆南，湖北省博物馆袁玫，以及荆州博物馆刘露担任副主编。贾汉清负责项目的统筹安排、人员调度；祁筱菡负责大纲拟定及各章节撰写；江月、潘荆南、刘露负责有关资料收集和照片整理；袁玫负责进度把控及资料分析。

由于编者水平有限，书中错误和不足之处在所难免，恳请各位读者谅解和指正。

编　者

2023 年 8 月

目 录

Contents

第一章
荆州博物馆陶瓷文物基本状况

第一节　荆州地理位置及自然环境

一、地理位置

荆州，南达五岭，北接秦川，西通巴蜀，东连吴会，自古以来都是交通要地。在陆路交通方面，荆州处在著名的荆襄古道上(荆襄古道在历史上相当长的时期内，是我国境内最重要的官道之一，是南北方之间最主要的陆路通道)，是我国古代南北交通的中线。在水路交通方面，荆州境内河湖众多，水网密布，大小河流近百条，均属长江水系，是全国内陆水域最广、水网密度最高的地区之一。长江自西向东横贯全境，荆州是长江中游航运线上的枢纽。

二、自然环境

荆州位于江汉平原腹地，雨热同期，土壤肥沃，适宜农业发展。生物资源十分丰富，具有种类多、分布广、南北兼备等特点。丰富的生物种类和品种资源为农业发展提供重要的物质基础。荆州矿产资源丰富，主要能源矿产有石油、煤炭，化学矿产有岩盐、芒硝、硫铁矿等。得天独厚的自然地理条件为古代荆州地区文明的发展奠定了基础，为陶瓷器的生产和流转提供了重要条件。

第二节　荆州发展历史及人文环境

一、发展历史

荆州市位于湖北省中南部，地处江汉平原腹地，介于东经 111°15′～114°05′、北纬 29°26′～31°37′。荆州拥有约 5 000 年建城史、500 年建都史，自古以来就是长江中游的文化中心、我国南方唯一连续发展至今的文化中心、世界唯一持续发展至今的稻作文化中心，是楚文化发祥地、三国文化荟萃地、红色文化富集地、长江文化展示地。

荆州历史悠久，旧石器时代中晚期鸡公山遗址(位于荆州市荆州区郢北村，为第四批全国重点文物保护单位)的发掘，证实距今约 5 万年至 1 万年前就有原始人类在此栖息和劳作，制作石器，或搭建窝棚。新石器时代，先民三苗于此发展出大溪文化(距今 6 400～5 300 年)，出现环濠聚落和漆木器及竹席。屈家岭文化(距今 5 000～4 600 年)早期偏晚阶段，建造阴湘城(阴湘城遗址位于荆州市马山镇阳城村，为第五批全国重点文物保护单位)，沿用至石家河文化时期(距今 4 600～4 000 年)。

荆州是楚文化的发祥地，春秋战国时期隶属于楚。楚文王元年(公元前 689 年)，楚国迁都于郢(今荆州区纪南城)，都郢 400 余年。秦属南郡，定治江陵，故常以南郡喻荆州。汉武帝元封五年(公元前 106 年)，设立荆州刺史部，东西汉时皆属南郡。三国时期，魏、蜀、吴三分荆州，后归吴，定治南郡。东晋永和八年(公元 352 年)，荆州定治江陵。南北朝时，齐和帝、梁元帝皆以荆州为国都。

隋开皇二年(公元 582 年)，因与后梁联姻，罢总管府；开皇七年(公元 587 年)并后梁，又置江陵总管；开皇二十年(公元 600 年)改为荆州总管；大业初，复称南郡。

唐贞观元年(公元627年)属山南道；开元二十一年(公元733年)山南道分为东、西道，属山南东道江陵府，设荆州大都督府；至德后，置荆南节度使；上元元年(公元760年)，以江陵为南都，改荆州为江陵府，次年(公元761年)罢都。五代十国时(公元925年)，荆南节度使高季兴割据荆、归、峡三州，称南平王，立荆南国，国都设江陵。

宋至道三年(公元997年)以洞庭湖为界，复分为荆湖南、北路，北路简称湖北，治江陵；建炎四年(公元1130年)更名为荆南府，寄治枝江县；绍兴五年(公元1135年)复名为江陵府，仍徙治江陵县；淳熙元年(公元1174年)复更名为荆南府，淳熙十年(公元1183年)之前仍更名为江陵府。元属河南江北等处行中书省荆南府，至元十三年(公元1276年)升江陵路，天历二年(公元1329年)更名中兴路。至正二十四年(公元1364年)朱元璋称吴王，改置荆州府，改属湖广行省。龙凤十一年(公元1365年)改属湖广分省，吴元年(公元1367年)复改属湖广行省。

明洪武九年(公元1376年)湖广行省改置湖广承宣布政使司，荆州府改属河南布政司；洪武二十四年(公元1391年)荆州府复属湖广布政使司。清康熙九年(公元1670年)置上荆南道，驻荆州府；雍正十三年(公元1735年)上荆南道更名为荆宜施道；光绪三十年(公元1904年)荆宜施道更名为荆宜道。1912年1月，荆州府裁府留县，所辖各县直属荆宜道；1914年荆宜道更名为荆南道；1921年8月复称荆宜道；1932年为湖北省第七区行政督察专员公署；1936年改为湖北省第四行政督察区。

1949年7月成立荆州行政区督察专员公署，驻江陵县荆州镇，辖荆门、京山、钟祥、天门、潜江、公安、松滋(驻新江口镇)、江陵8县；同月，析江陵县之沙市镇建沙市市，属省辖市。1951年6月，以沔阳、监利、嘉鱼、汉阳4县各一部设洪湖县；7月，撤销沔阳专署，将沔阳(驻仙桃镇)、监利、洪湖、石首4县并入荆州专署。1953年4月，以公安、石首、江陵3县各一部设荆江县，驻斗湖堤。1955年2月22日，沙市市划归荆州专区管辖；4月，撤销荆江县，并入公安县。1960年，以荆门县的沙洋镇设立沙洋市，由荆州专署领导。1961年撤销沙洋市，改设为沙洋镇，划归荆门县领导。

1979 年，沙市市升为地级市，改由省直辖；以荆门县城关镇及附近地区设立荆门市(县级)，属荆州地区。1983 年 8 月 19 日，国务院批准荆门市升为地级市，划出荆州地区。1986 年 5 月 27 日，国务院批准撤销石首县，设立石首市(县级)。1987 年 7 月 31 日，国务院批准撤销洪湖县，设立洪湖市(县级)。1994 年 9 月 29 日，国务院批准撤销荆州地区、沙市市和江陵县，设立荆沙市(地级)。荆沙市设沙市区、荆州区和江陵区，辖松滋县、公安县、监利县、京山县，代管钟祥市、石首市、洪湖市。1995 年 12 月 29 日，民政部批准撤销松滋县，设立松滋市(县级)。1996 年 11 月 20 日，国务院批准将荆沙市更名为荆州市；12 月 2 日，国务院批准将荆州市管辖的京山县划归荆门市管辖，并将荆州市代管的钟祥市划归荆门市代管。1998 年 7 月 2 日，国务院批准撤销荆州市江陵区，设立江陵县。

2010 年 11 月，湖北省人民政府批准设立荆州楚纪南城大遗址保护区暨荆州海子湖生态文化旅游区。2014 年 6 月，湖北省人民政府批准荆州海子湖生态文化旅游区更名为荆州纪南生态文化旅游区。

2011 年 6 月，经国务院批准，荆州经济开发区升级为国家级经济技术开发区，定名为荆州经济技术开发区。2012 年 4 月，湖北省人民政府批准以荆州区太湖港管理区为核心，设立华中农业高新技术产业开发区。2016 年 7 月，华中农业高新技术产业开发区与荆州城南经济开发区并区，组建荆州华中农业高新技术产业开发园区。2017 年 4 月，经省政府同意更名为荆州高新技术产业园区。2018 年 2 月，荆州高新技术产业园区升级为国家高新技术产业开发区，定名为荆州高新技术产业开发区。

二、人文环境

荆州有着深厚的历史文化底蕴，是国务院首批公布的国家历史文化名城，孕育出楚文化、三国文化等，传承了极为丰富的文化遗存。

(一) 楚文化形成前文化遗存

据《尚书·禹贡》记载，“荆及衡阳惟荆州”，意思是北起湖北省南漳县一带的荆山，南到湖南省南岳衡山以南的广大地区都是古代荆州的范围，也就是说大致包括今天的湖北和湖南两省。荆州为大禹时的九州之一。从历史的角度来看，在古人的心目中，“荆”与“楚”是不可分的。楚子(楚国国君为子爵)被分封在古代荆州的范围内，所以，在先秦典籍中，楚人有时也被称作“荆人”“荆蛮”，楚国有时也被称作“荆国”；而在西周金文中，一再反抗中央王朝的楚国人有时也被称作“楚荆”或“反荆”。近年来，在荆州市及周边地区的史前时代考古发掘中，曾发现两例刻写在陶器上的陶文。这两例陶文的写法与西周金文中“荆”的写法非常相似，因此我们认为它们应该是“荆”字最早的起源。

旧石器时代(距今 300 万年至 1 万年前)是人类制作和使用打制石器的时代。目前荆州市内发现的旧石器时代遗址很少，最著名的是位于荆州古城北面约 5 000 米的旧石器时代鸡公山遗址。旧石器时代鸡公山遗址面积约 1 000 平方米，位于庙湖(长湖的一部分)南岸的一处小土岗上，在这里发现了距今四五万年的远古人类的居住遗迹和石器制作场。旧石器时代鸡公山遗址，地层关系明确，文化遗物丰富，遗迹关系清楚，是中国迄今发现的最早的旧石器时代远古人类在平原地区的活动遗迹。它的发现为研究长江中游地区旧石器文化区系类型的特点及其与我国南、北方旧石器文化的关系提供了非常宝贵的资料。旧石器时代鸡公山遗址(图 1-1)被评为 1992 年全国十大考古发现之一，1996 年被国务院批准为第四批全国重点文物保护单位。

新石器时代(距今 1 万年至 4 000 年前)是人类制作和使用磨制石器的时代。荆州的新石器时代可分为大溪文化时期、屈家岭文化时期和石家河文化时期三个大的具有相互传承和发展关系的阶段。荆州范围内的新石器时代遗址有五十多处，多分布于靠近河流或湖泊的岗地上，比较著名的有阴湘城遗址、走马岭遗址、鸡鸣城遗址等。

图 1-1　旧石器时代鸡公山遗址

荆州的商代遗址，先后发现了周梁玉桥遗址、官堤遗址、梅槐桥遗址、荆南寺遗址和岑河庙兴八姑台遗址。在这些遗址中发现了多处祭祀坑，有“人祭坑”“铜器祭祀坑”“燎祭坑”三种类型。在梅槐桥遗址中，发现了较多的牛、羊、猪等动物骨骼，表明商代荆州已有较发达的畜牧业。在岑河庙兴八姑台遗址、周梁玉桥遗址中发现了铜渣，后又相继出土了一批大型青铜礼器。这些遗址的发现和发掘表明，当时的荆州人过着定居的生活，且人口密集；盛行巫风，崇尚巫术；奉行奴隶制；有着较为发达的畜牧业和青铜业，基本上能满足人们的生活需求。

（二）楚文化发展期文化遗存

荆州是楚文化的发祥地，楚文化实际上是中原文化与蛮夷文化结合的产物。楚国被周人称为楚蛮，一是因为地处偏远，远离中原；二是因为楚国周边有着大量的蛮夷部落，楚国向外扩张的过程即是与周边文化融合的过程。公元前 689 年，楚文王迁都于郢(今荆州区纪南城)，此后四百余年间，郢都快速扩张。郢都是战国时期我国南方政治、经济、文化的中心，是楚国崛起江汉、称雄南方的历史见证。纪南城作为郢都的遗址之一，虽历尽沧桑，但仍保存完好，被誉为“南国完璧”，1961 年被国务院列为全国重点文物保护单位，郭沫若先生为文物保护单位标志亲笔题书“楚纪南故城”(图 1-2)。纪南城遗址是楚国强盛时期的都城，是楚国政治、经济、军事和文化中心，具有重要的历史、艺术和科学研究价值。这一时期产生了我国诗歌史上的丰碑巨作《楚辞》以及具有浓郁楚国地方特色和神话色彩的楚国民歌。

图 1-2　楚故都纪南城遗址及考古工地

楚人的建筑，特别是楚国的宫室建筑，无论是形制，还是建筑技术都是极为先进的。楚国建筑的高超主要体现在：建筑选址极富才识、营造方式独具匠心、造型装饰精妙绝伦。楚国的雕刻艺术既是物质文化进步与发展的显著标志，也是丰富的精神文化的体现。雕刻艺术是楚人手工工艺的具体体现，它涉及楚人的方方面面，包括陶器、青铜器、漆木器、玉器等方面的雕刻艺术，甚至包括建筑上的雕刻艺术。从楚墓中出土的大批漆木器看，上自春秋中期、下至战国的楚式漆木器，其雕刻品类型齐全，雕刻工艺上乘，是楚文化或楚国艺术的一大特色。随着生产力的发展和人们的消费观念、审美意识、伦理追求的改变，楚国的髹漆工业逐渐兴旺发达，大量的彩绘漆木器逐渐进入贵族甚至平民的生活领域，形成了新兴的漆器文化。这一点，也是楚文化区别于其他文化的重要标志之一。

（三）楚文化流播期文化遗存

公元前278年，秦将白起拔郢之后，纪南城沦为废墟，纪南城东南隅的高岗地凤凰山即成为秦人和汉人最理想的墓地。目前，在荆州共发掘了近500座中、小型秦墓，其年代主要为公元前278年秦拔郢并设置南郡之后的战国晚期和秦汉时期。这些墓多为竖穴土坑墓，少量洞室墓，大多数无封土堆和墓道。墓坑中填土为五花土和青灰泥，葬具为木棺椁，可以看出受到楚文化的影响。有些墓坑还设有二层台或四角有足窝，具有关中秦墓的文化特点。从这些墓的总体文化特征分析可知，它们虽深受秦文化的影响，其主要特点与关中地区秦墓基本相同，但仍受楚文化的一些影响，形成了湖北地区秦墓独有的文化特点，而与关中及其他地区秦墓存在一些差异。

高台汉墓位于楚故都纪南城东南角外，原本是战国时期的一处建筑台基，公元前278年秦将白起攻破楚郢都纪南城后，这里便沦为一片废墟，成了秦至西汉时期的一处墓地。1993年共发掘墓葬45座，其中秦汉时期的墓葬44座，南北朝时期的墓葬1座。在已发掘的44座秦汉墓中，有38座墓有随葬品，其中陶器255件，铜器94件，漆木器793件，玉器、杂器等25件，还有木牍、竹简等。特别是4方木牍、53枚竹简的发现，对研究秦汉时期的政治、经济制度具有重要意义。凤凰山位于东周时期楚故都纪南城的东南角，南距古荆州约5 000米，行政区划属荆州区纪南镇。20世纪70年代中期，湖北省及全国各有关单位的考古工作者在进行纪南城考古大会战时，在此钻探出古墓葬180余座，遂断定此处是一个大型的秦汉墓地，并且先后在此发掘了20多座秦汉墓葬。凤凰山168号汉墓就是其中的一座，从1975年3月30日开始，历时82天，墓内出土了500多件随葬器物和一具保存完好的男尸，是新中国田野考古的一次重大发现。其中西汉男尸的出土是继长沙马王堆西汉女尸之后的又一重要发现，对研究我国古代的防腐技术具有重要意义，也为研究我国的病理学史提供了宝贵的实物资料。张家山是位于荆州城西门外 1 500 米处的一片小丘，上面分布着许多东周和汉代的墓葬。1983 年 12 月至 1984 年 1 月，荆州博物馆在张家山发掘了 5 座汉墓；出土的 2 000 余枚竹简，其内容主要包括历谱以及《二年律令》《奏谳书》《盖庐》《脉书》《引书》《算数书》等，让我们从不同方面了解到西汉初年的社会和思想状况，其中若干文献的起源或成书年代可以追溯到秦、先秦时期，弥足珍贵。

（四）三国文化遗存

西汉末年三国时代，荆州是军事重镇、兵家必争之地，现分布着众多的三国文化历史遗迹，主要有位于荆州区的古城墙(图 1-3)、护城河、关帝庙、关羽祠、关公刮骨疗毒处、得胜街、得胜桥、洗马池、马跑泉、点将台、张飞一担土等；位于监利市的杨林山三国文化旅游区、古华容道；位于石首市的绣林山；位于洪湖市的乌林赤壁大战古战场等。

除了三国文化历史遗迹，荆州还留存不少三国风俗文化。如“龙凤配”就是一道与三国历史有着密切联系的传统名菜，据说此菜是诸葛亮为庆贺刘备、孙夫人从东吴归来而特意创制，文武群臣品尝后称赞有加，于是此菜便流传至今，成为荆州宴席上的传统名菜。在荆州，民众对关公极为崇拜。每到关公忌日，关帝庙会举办庙会，人们会到关帝庙祭祀，在关帝像前虔诚祭拜，以求平安。荆州的关帝庙在国内关帝庙中享有很高的地位，自古香火旺盛，吸引了无数信众前来进香朝拜。荆河戏是荆州土生土长的地方戏曲剧种，该剧种有许多三国题材的剧目，如《长坂坡》《临江会》《龙凤配》《回荆州》《捉放曹》《芦花荡》《单刀会》《兴汉图》等，这也是荆州能成为三国文化之乡的一个佐证。

图 1-3 荆州古城墙

第三节 荆州博物馆历史沿革

荆州博物馆(图 1-4)，始建于 1958 年，位于荆州市荆州区荆中路，现已发展成为融陈列展览、宣传教育、文物收藏保护、古城古建保护、考古发掘研究、遗址公园建设等多种功能于一体的地方性综合类历史博物馆、国家 AAAA 级旅游景区，是首批国家一级博物馆。

图 1-4　荆州博物馆陈列大楼及全景

荆州博物馆是最早获得“中华人民共和国考古发掘资质”的单位之一，还具备“可移动文物修复资质”“文物保护工程勘察设计资质”“文物保护工程监理资质”等，历年来获得“全国文化先进集体”“全国优秀地县级博物馆”“全国十大考古新发现”“全国青年文明号”“爱国主义教育基地”“全国文化和旅游系统先进集体”等荣誉，并获得“夏鼐考古学研究成果奖”“全国十大陈列展览精品奖”“国家田野考古奖”等奖项。

荆州博物馆的前身是1951年建立的湖北省文史馆荆州工作组、湖北省文物保护管理委员会荆沙分会，主要开展文物调查、保护管理等工作。1958年，经荆州专署办公室批准，正式建立湖北省荆州专区博物馆，隶属荆州专区文教局主管。湖北省荆州专区博物馆是全地区的文物和博物事业机构，担负全区的文物调查、勘探、保护、征集和考古发掘工作，举办历史文物及一些临时性的陈列展览，接待国内外观众参观，负责馆藏文物的保护和保养，开展考古学和博物馆学的研究工作。

1969年，博物馆更名为“江陵县展览馆”，隶属江陵县管理。

1973年4月，经地区文化局批准，博物馆更名为“湖北省荆州地区博物馆”。

1980年，博物馆在开元观对面西侧兴修扩建并正式对外开放。1985年，博物馆由开元观对面西侧重新迁至开元观对面东侧，新建博物馆陈列大楼对外试展。1986年6月，新建成的博物馆陈列大楼、珍宝馆举行开馆典礼，正式对外展出。

1994年12月，荆沙合并，博物馆更名为“荆沙市荆州博物馆”。1995年，湖北省文化厅同意荆州博物馆设立湖北省文物总店荆沙市分店。1997年，博物馆更名为“湖北省荆州市博物馆”。1999年4月，经荆州市编委批准，成立荆州市文物考古勘探大队，挂靠博物馆。

2005年，荆州博物馆第一届学术委员会成立；同年中共荆州市委编委办公室批复设立荆州博物馆熊家冢考古工作站。2006年1月，中共荆州市委编委办公室同意在荆州市博物馆熊家冢考古工作站加挂“荆州市熊家冢管理处”牌子。2008年，荆州博物馆被国家文物局评定为首批国家一级博物馆并实行免费开放。

2011年，中共荆州市委编委办公室批准荆州博物馆加挂“荆州市简牍研究所”牌子。2014年8月15日，根据《中共荆州市委机构编制委员会关于荆州市文物旅游局所属部分事业单位机构编制方案的通知》(荆编〔2014〕14号)，荆州市文物管理处并入博物馆，隶属荆州市文物旅游局，加挂“荆州市文物考古研究所”“荆州市简牍研究所”“荆州市文物考古勘探大队”牌子。

第四节　荆州博物馆藏品状况

一、藏品账目与档案整理情况

荆州博物馆馆藏文物主要来源为主动性考古发掘和配合城市建设进行抢救性考古发掘出土的文物。截至2022年12月，荆州博物馆藏品总数为19.6万余件(套)，其中，一级文物614件(套)，二级文物1 259件(套)，三级文物16 077件(套)。藏品均有完整的原始资料、齐全的入藏手续、详细的藏品登记、清晰的藏品总账及账物相符的分类账。分类账按发掘文物和传世文物分为陶瓷器、铜器、漆木器、丝织品、玉石器、金银器、字画等，分库存放，专人管理。一、二、三级文物藏品的建账建档率达到100%，档案表格由专人管理，集中保存。

二、藏品保管与保护

荆州博物馆文物库房(图 1-5)总面积达 11 410 平方米，文物按质地和保存要求进行分类、分库保存；设置陶瓷器、铜器、漆木器、丝织品、玉石器、金银器、书画等库房。

荆州博物馆现有库房保管人员 6 人、总账管理人员 1 人、文物保存环境监测人员 1 人，所有文物库房均由专人负责管理，并制定了《荆州博物馆文物库房保管员岗位职责》《荆州博物馆藏品管理细则》《荆州博物馆藏品分类办法》《荆州博物馆藏品征集工作流程》《荆州博物馆文物库房管理制度》等十项藏品管理类规章制度，《荆州博物馆文物保护管理办法》《荆州博物馆文物保护监察管理办法》《荆州博物馆文物预防性保护准则》等六项文物保护类管理办法，形成了藏品保护管理、协调、监测、分析、处理、预案等一系列风险预控机制。

库房藏品放置做到了科学、合理、规范。库房的通风设施、温湿度调节设施、安防设施、消防设施等完善，具备防火、防盗、防腐蚀、防霉变、防鼠、防虫等功能，确保了文物的安全。库房均配置有专用文物储藏柜架，其中，一级文物使用专用囊匣(图 1-6)保管。大部分藏品为自然存放状态，分时段进行环境控制，随时观察并用物理、化学方法清除有害粉尘及有害锈、霉变等病害。根据文物的具体情况，对珍贵藏品采取科学有效的防护措施并进行环境控制，如针对丝织品设置专用库房，专柜存放，地面材质为木地板，墙壁及天花板以矿棉板作间隔，可达到隔热、防火、除湿的效果，采用中央空调恒温恒湿机组及配套设备调节库房内温湿度，保持恒温、恒湿状态。

图 1-5　文物库房

图 1-6　文物囊匣

同时，荆州博物馆建立了一整套博物馆环境监测系统(图 1-7)，对文物库房、展厅和重点展柜的文物保存环境质量进行全面实时监测，并针对馆藏文物保存环境的特点，运用新型调湿剂、吸附剂对部分文物展柜微环境进行被动调控，运用净化调湿机对部分文物库房和文物展柜微环境进行主动调控。

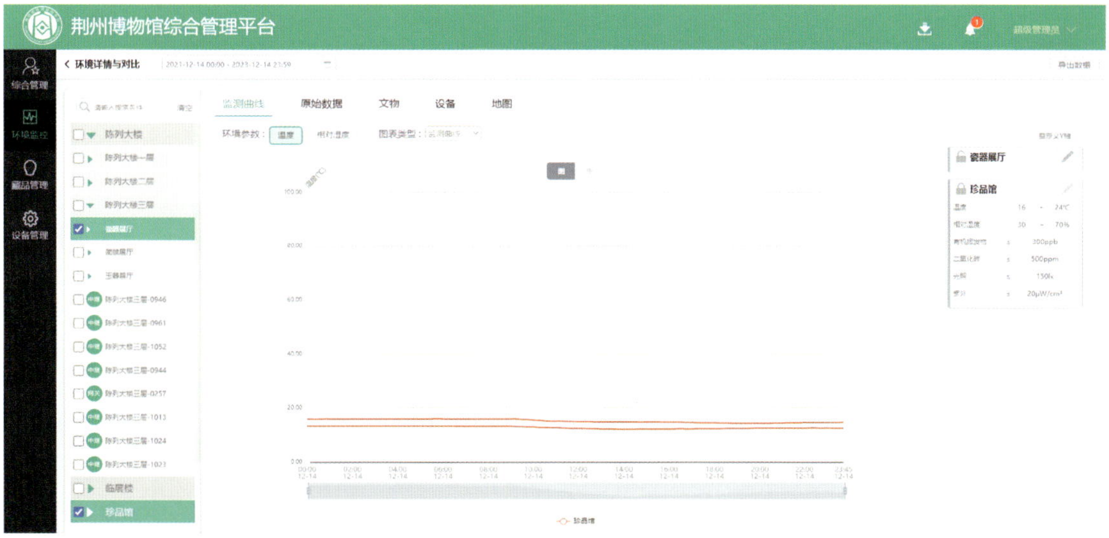

图 1-7　博物馆环境监测系统

三、藏品修复

荆州博物馆于2015年经湖北省文物局审批，获得二级文物修复资质(资质证书编号42007—2015)，具备可移动文物修复专职技术人员13人，建立了铜器修复室、陶瓷器修复室(图1-8)、字画修复室，修复工作室面积330平方米。修复室具有温湿度调节设施，并具备废气、污水处理排放设施和污物处理设施，修复工作场所和技术设备符合《可移动文物保护修复室规范化建设与仪器装备基本要求》(GB/T 30238—2013)和《文物系统博物馆风险等级和安全防护级别的规定》(GA 27—2002)中的要求。近年来荆州博物馆实施多项馆藏青铜器、瓷器、书画、简牍、饱水竹木漆器保护修复项目。

图1-8　陶瓷器修复室

四、代表性藏品

1. 漆木彩绘三鱼纹耳杯(图 1-9)

藏品时代：西汉初期(公元前 3 世纪末至公元前 167 年)

藏品来源：凤凰山 168 号汉墓出土

藏品级别：一级文物

藏品描述：窄长圆弧形耳，全器髹黑漆为地，用金、黄、红色在耳及口沿描波折纹、圆圈纹、凤鸟纹，在内底中央描绘四叶纹，其周围环绕三条首尾相逐、口衔草叶、栩栩如生的鱼，是西汉早期漆画艺术中的珍品。

图 1-9　漆木彩绘三鱼纹耳杯

2. 玉头人像(图 1-10)

藏品时代：新石器时代石家河文化时期(距今 4 600～4 000 年)

藏品来源：肖家屋脊遗址出土

藏品级别：一级文物

藏品描述：玉人神态庄重、严肃，整体造型别致、生动逼真，是文明的重要标志之一。

图 1-10　玉头人像

3. 张家山汉简(图 1-11)

藏品时代：西汉初期(约公元前 186 年)

藏品来源：张家山西汉墓出土

藏品级别：一级文物

藏品描述：我国考古史上的重要发现，2 366 枚竹简的内容主要有《二年律令》(共 27 种法律和 1 种具体管理关塞的制度《津关令》)、《奏谳书》(议罪案 22 例汇编)、《盖庐》(吴王阖闾与伍子胥问答之兵家著作)、《脉书》(记载人体疾病及脉数等的医学著作)、《引书》(综合引导、养生、治病的著作)、《算数书》(我国迄今发现最早的数学题集，共 69 个章题，由题文、答案、解法构成，包括分数性质、四则运算、比例、盈不足、体积、面积等，较我国古代最早的数学集成著作《九章算术》早 300 余年)。内容非常丰富，载有极其重要的历史文献，对研究西汉社会政治、经济、文化、思想、科学、技术等具有极高的价值。

图 1-11　张家山汉简

4. 漆木彩绘虎座凤鸟悬鼓(图 1-12)

藏品时代：战国(公元前 475 至公元前 221 年)

藏品来源：天星观二号楚墓出土

藏品级别：一级文物

藏品描述：战国时期楚国的重要乐器。全器以两只昂首卷尾、四肢屈伏、背向而踞的卧虎为底座，虎背上各站立一只长腿昂首引吭高歌的鸣凤，背向而立的鸣凤中间悬挂一面大鼓，通体用红、黄等色绘虎的斑纹和凤的羽毛，造型别致优美。

图 1-12　漆木彩绘虎座凤鸟悬鼓

5. **凤鸟花卉纹绣浅黄绢面绵袍(图 1-13)**

藏品时代：战国(公元前 475 至公元前 221 年)

藏品来源：马山一号楚墓出土

藏品级别：一级文物

藏品描述：出土于具有我国“古代丝绸宝库”之称的江陵马山一号楚墓。揭取时是处于第七层，袍面为凤鸟花卉纹绣，浅黄绢绣地。绘黑稿，图案作长条形，由怪鸟和花枝组成，对角布置。怪鸟张翅作站立状，长颈大腹，头号有四束花冠，垂于左右两边。三束花缨，垂于怪鸟一侧。其凤鸟菱形纹锦、大菱形纹锦、田猎纹绦、龙凤纹绦以及袍面的凤鸟花卉纹绣，构图内容丰富，织造精美，具有极高的艺术价值，对于研究楚国的纺织技术、文化等具有重要的科学价值和历史价值。

图 1-13　凤鸟花卉纹绣浅黄绢面绵袍

6. 越王州句铜剑(图 1-14)

藏品时代：战国(公元前 475 至公元前 221 年)

藏品来源：藤店一号楚墓出土

藏品级别：一级文物

藏品描述：圆首，圆茎实心。剑茎上满缠丝绳，有两道带纹饰的圆箍，茎靠首端用木片包夹呈圆形。剑身无纹饰，一面近格处有两行八字错金鸟篆铭文“戉(越)王州(朱)句(勾)自乍(作)用佥(剑)”。刃锋锐利，光泽如新。越王州句是越王勾践之曾孙，在位共计 37 年之久(公元前 448 至公元前 412 年)。

图 1-14　越王州句铜剑

7. 根雕辟邪(图 1-15)

藏品时代：战国(公元前 475 至公元前 221 年)

藏品来源：马山一号楚墓出土

藏品级别：一级文物

藏品描述：根雕胎，髹红漆，是目前我国发现的时代最早的根雕作品之一。辟邪虎头曲身，四肢长短不一，利用根枝原状而求四肢不对称之美，四肢上分别浮雕蛇、蛇噬蛙、蜥蜴噬鸟和蝉的形象。它是休息时能倚靠的凭几，下葬时兼作个性化的镇墓兽。

图 1-15　根雕辟邪

8. 铜编钟(图 1-16)

藏品时代：战国(公元前 475 至公元前 221 年)

藏品来源：天星观二号楚墓出土

藏品级别：一级文物

藏品描述：礼器，大型悬乐器，主要用于祭祀、宴飨。由钮钟、镈钟编排成序列，形成音律齐全、音域宽广的音阶，体现楚人高超的青铜铸造技术和对音乐的美妙理解。

图 1-16　铜编钟

9. 连发铜木弩(图 1-17)

藏品时代：战国(公元前 475 至公元前 221 年)

藏品来源：秦家咀墓地出土

藏品级别：一级文物

藏品描述：远射兵器。由木制矢匣(双射孔，储矢 20 支)、铜质机体组成，双矢并射，连发。机关复杂，设计精巧，杀伤力强，被誉为"手枪鼻祖"。

图 1-17　连发铜木弩

10. 组玉佩(图 1-18)

藏品时代：战国(公元前 475 至公元前 221 年)

藏品来源：冯家冢墓地出土

藏品级别：一级文物

藏品描述：由多件不同种类的玉器，如璧、环、管、玦、璜、珩、佩、珠等穿缀在一起组合而成。《诗・郑风・女曰鸡鸣》："知子之来之，杂佩以赠之。"其中的"杂佩"即组玉佩，与身份、君子、淑性、美德相关。

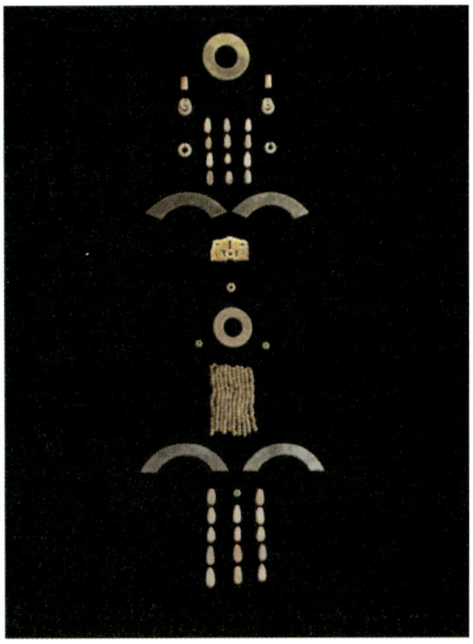

图 1-18 组玉佩

图 1-19 玉覆面

11. 玉覆面(图 1-19)

藏品时代：战国(公元前 475 至公元前 221 年)

藏品来源：秦家山二号墓出土

藏品级别：一级文物

藏品描述：整块玉雕呈人面形，制作独特，工艺精湛。

12. 虎形铜尊(图 1-20)

藏品时代：西周(公元前 11 世纪至公元前 771 年)

藏品来源：江北农场出土

藏品级别：一级文物

藏品描述：尊是商周时期盛行的容酒礼器。此尊为牺尊，以虎为造型。尊腹中空，口部有一孔，与腹相通。背上有一盖，钮为一只飞鸟，极为特殊。颈背有一道竖起鬃毛，身、颈、尾部都有大小不一的虎斑纹。四足膀部为涡纹，虎头一双大眼，张口龇牙，非常凶猛。足似象足，虎耳内和四足内均残留红沙泥芯。尾、鬃、右耳均有补痕。但器物无使用痕迹，铸纹未打磨，腹底平，有浅阳纹网纹。

图 1-20　虎形铜尊

第五节　荆州博物馆陶瓷藏品状况

陶瓷文物是荆州博物馆馆藏文物重要类别之一。截至 2022 年 12 月，荆州博物馆馆藏陶器 25 079 件(套)、瓷器 2 557 件(套)。荆州博物馆馆藏陶瓷文物来源为考古发掘和采集，其中考古发掘的陶瓷文物占绝大多数，因此馆藏陶瓷文物年代分布呈现出跨度较广的特点，涵盖新石器时代至近现代，详见表 1-1。

表 1-1　荆州博物馆馆藏陶瓷器年代分布表

器物所属年代	陶器		瓷器	
	数量/件(套)	占比	数量/件(套)	占比
新石器时代	7 838	31.25%	0	0
夏	145	0.58%	0	0
商	178	0.71%	0	0
周	8 198	32.69%	0	0
春秋	36	0.14%	0	0
战国	391	1.56%	1	0.04%
秦	95	0.38%	0	0
汉	7 204	28.72%	12	0.47%
晋	22	0.09%	68	2.66%

续表1-1

器物所属年代	陶器		瓷器	
	数量/件(套)	占比	数量/件(套)	占比
南北朝	62	0.25%	100	3.91%
唐至五代	58	0.23%	123	4.81%
宋	384	1.53%	546	21.35%
元	19	0.07%	14	0.55%
明	343	1.37%	281	10.99%
清	80	0.32%	896	35.04%
中华民国时期①	20	0.08%	516	20.18%
近现代	2	0.01%	0	0
不详	4	0.02%	0	0
总计	25 079	100%	2 557	100%

由表1-1可知，荆州博物馆馆藏陶器多来源于新石器时代、周代及汉代，其中新石器时代陶器7 838件(套)，占比31.25%；周代陶器8 198件(套)，占比32.69%；汉代陶器7 204件(套)，占比28.72%。荆州博物馆馆藏瓷器多来源于宋、明、清及中华民国时期，其中宋代瓷器546件(套)，占比21.35%；明代瓷器281件(套)，占比10.99%；清代瓷器896件(套)，占比35.04%；中华民国时期瓷器516件(套)，占比20.18%。

荆州博物馆馆藏陶瓷文物价值较高，珍贵文物占比较大。如图1-21所示，陶器

① 本书所称中华民国时期指1912年1月至1949年9月这一历史时期。

文物中，一级文物占比 0.12%，二级文物占比 0.01%，三级文物占比 31.14%，一般文物占比 67.96%，另有 0.77%的陶器文物未定级。瓷器文物中，一级文物占比 0.31%，二级文物占比 1.24%，三级文物占比 37.52%，一般文物占比 58.52%，另有 2.41%的瓷器文物未定级。

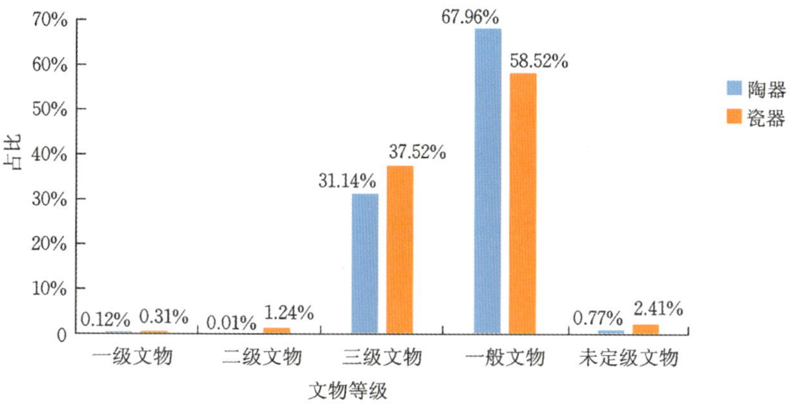

图 1-21　荆州博物馆馆藏陶瓷文物等级分布图

第六节　荆州博物馆展览与宣教成果

一、陈列展览

荆州博物馆共有 8 000 多平方米的陈列展厅和 2 500 平方米的临时展区，陈列展览包括基本陈列和临时展览。

（一）基本陈列

荆州博物馆常设八个展览，文物类别丰富，包括陶器、青铜器、简牍、瓷器、玉器、漆木器、古建筑等；时间跨度较大，从旧石器时代至明清时期的文物均有展示；文物极具代表性，从文化、经济、政治等方面展示了荆楚地域文化特色。其中陈列大楼设有五个展览，即“吉金耀彩——荆州出土铜器展”“陶苑奇珍——荆州出土古代瓷器展”“书于竹木——荆州出土简牍展”“楚玉撷英——荆州出土玉器展”“漫天星斗 月同辉——江汉平原原始文化展”；珍品馆设有两个展览，即“五大夫遂——凤凰山一六八号汉墓展”“丹漆神韵——楚秦汉漆器精品展”；开元观设有一个展览，即“开元观历史文化与建筑展览”。

“吉金耀彩——荆州出土铜器展”（图 1-22）展现了商周、春秋战国、秦汉时期青铜文明在荆州地区的兴起、发展与衰落的历史。

图 1-22　吉金耀彩——荆州出土铜器展

“陶苑奇珍——荆州出土古代瓷器展”(图 1-23)展出了荆州地区历年考古发掘出土的各历史时期瓷器精品，其中以两晋、唐宋、元明时期古遗址、古墓葬出土的瓷器为主，器类繁多、器形丰富，能较全面地反映中国古代瓷器发展的几个主要阶段，并在一定程度上反映荆州作为我国古代南方政治、军事、经济重镇，一直延续着其繁华与昌盛。

图 1-23　陶苑奇珍——荆州出土古代瓷器展

“书于竹木——荆州出土简牍展”(图 1-24)展出了荆州古墓葬中出土的大量战国、秦、西汉时期的简牍，内容涉及政治、法律、经济、军事、历史、哲学、数学、历法、医学、巫术、丧葬等多个领域。“书于竹木——荆州出土简牍展”上展示的简牍，是荆州地区历年来考古发掘出土简牍资料的代表篇章。考古发掘出土的简牍既是我国重要的文化遗产，同时还是材质特殊且具有重要价值的一类古籍，承载了重要的信息。

图 1-24　书于竹木——荆州出土简牍展

“楚玉撷英——荆州出土玉器展”(图 1-25)展出了熊家冢等楚国王室和贵族墓葬出土的玉器珍品及部分秦汉墓中战国时期的玉器。玉器是中国传统文化的载体之一，儒家学说赋予玉器种种美好道德属性，“以玉比德”成为当时玉文化的重要特征，影响和推动了古玉的发展。观赏这些玉器，我们不仅能够感受到楚人玉文化的精深奇妙，而且可以看到多种玉文化之间的交流和融合，从而加深对中国古代玉文化的了解和认识。

图 1-25　楚玉撷英——荆州出土玉器展

“漫天星斗 月同辉——江汉平原原始文化展”(图 1-26)展示了江汉平原先后出现的城背溪文化(距今 8 500～7 500 年)、大溪文化(距今 7 500～6 000 年)、油子岭文化(距今 5 900～5 100 年)、屈家岭文化(距今 5 100～4 500 年)、石家河文化(距今 4 500～4 200年)和后石家河文化(距今 4 200～3 900 年)，先后出现的这六种文化代表了江汉平原新石器时代原始文化的发展序列，演绎了江汉地区早期文明的产生与发展历程。

图 1-26　漫天星斗 月同辉——江汉平原原始文化展

“五大夫遂——凤凰山一六八号汉墓展”(图 1-27)以荆州凤凰山 168 号汉墓出土文物为主，共展出漆器、陶器、铜器、麻织类文物 56 件(套)，其中一级文物 18 件(套)、二级文物 3 件(套)、三级文物 9 件(套)。

图 1-27　五大夫遂——凤凰山一六八号汉墓展

20世纪中叶以来，荆州发掘了近万座楚秦汉墓葬，出土了逾万件饱水漆器，荆州博物馆也因此成为馆藏楚秦汉饱水漆器最多的博物馆之一。这些漆器保存完好、种类众多、工艺精湛、造型独特、色泽鲜艳、装饰华美，是中国古代漆器艺术最高水平的代表。“丹漆神韵——楚秦汉漆器精品展”(图1-28)精选了经过科学脱水保护的荆州出土楚秦汉漆器文物170件(套)，其中一级文物132件(套)、二级文物10件(套)、三级文物21件(套)。

图1-28　丹漆神韵——楚秦汉漆器精品展

开元观位于荆州古城西门内，主体建筑由山门、雷祖殿、三清殿、祖师殿构成，是一组自成体系、保存较完整的道教建筑。开元观坐北朝南，“一门三殿”沿中轴线依次排列，占地面积约 5 000 平方米。开元观始建于唐开元年间(公元 713—741 年)，南宋绍兴五年(公元 1135 年)迁移至现址重建，后经历代修葺，主体建筑和格局较为完整地保存下来，现存建筑主要为明清时期重建。“开元观历史文化与建筑展览”(图 1-29)以开元观历史沿革与建筑布局为主线，展出开元观建筑构件、考古发掘出土文物、馆藏道教文物等共计 64 件(套)，包括碑刻、铜器、瓷器、陶器、竹雕类文物。

图 1-29　开元观历史文化与建筑展览

（二）临时展览

临时展览主要分为馆内展览和馆外展览，其中馆内展览主要包括原创展览和引进展览。荆州博物馆近几年临时展览主要情况如下：

2017年荆州博物馆策划推出的展览“利兵谁何——荆州出土楚国兵器展”到嘉兴博物馆展出，“品物流芳——荆州古代精致生活文物展”到苏州丝绸博物馆展出；完成自办展览“惠及民生漫画展”“金灿银辉——荆州博物馆藏金银器展”“漆光异彩——馆藏楚汉漆器精品展”；积极响应荆州市政府“文化三市”号召，举办了“荆州博物馆楹联大展”；配合中国海军出访，策划制作“荆楚文物珍品展”，展览跟随荆州舰走遍20多个国家。2017年荆州博物馆参与特展4个：积极响应国家“一带一路”倡议，参与成都“丝路之魂——敦煌艺术大展暨天府之国与丝绸之路文物特展”；为迎接十九大召开，参加中国国家博物馆“秦汉文明”展；配合湖南省博物馆新馆建成，参加“东方既白——春秋战国文物大联展”；在北京首都博物馆“美·好·中华——近二十年考古成果展”(图1-30)中，荆州博物馆漆木彩绘虎座凤鸟悬鼓、漆木彩绘凤鸟莲花盖豆、漆木彩绘双头镇墓兽、漆木彩绘蟾座凤鸟羽人、人乘龙形玉佩、龙凤形玉佩、人执龙形玉佩等13件精品文物参展，“漆木彩绘凤鸟莲花盖豆”还被北京媒体称为“芈月”家的祭祀礼器，非常形象、贴切，吸引了众多观众前来欣赏。

2018年荆州博物馆原创展览包括：“楚都遗珍——荆楚文物精品展”“楚容晰鉴——荆州博物馆藏战国秦汉铜镜精品展”。2018年荆州博物馆引进展览包括：与北京文津阁国际拍卖有限责任公司联合举办的“荆州博物馆楹联大展”，展出了50幅清代名家的楹联作品；引进的嘉兴博物馆展览“清风徐来——嘉兴博物馆藏扇面书画展”，展出以“海派四杰”为代表的海上画派时期扇面书画精品50件。2018年荆州博物馆馆外展览包括：馆藏8件(套)漆器参与中国(海南)南海博物馆举办的“秦汉文明

图 1-30　在北京首都博物馆举办的“美·好·中华——近二十年考古成果展”

特展”；馆藏 4 件(套)青铜兵器参与浙江省博物馆举办的“越地宝藏——一百件文物讲述浙江故事”；在舟山博物馆举办“金灿银辉——荆州博物馆藏金银器展”，展出馆藏金银器 148 件(套)；在南宋官窑博物馆举办“品物流芳——荆州古代精致生活文物展”，展出馆藏文物 100 件(套)；在扬州博物馆举办“华美再现——汉代木漆器保护成果展”，展出馆藏文物 38 件(套)；在杭州西湖博物馆举办“玉魂国魄——荆州楚国陵园和贵族墓出土玉器展”，展出馆藏玉器 307 件(套)。

2019 年荆州博物馆自办展览 4 个：“皇胄毓秀——明代荆州藩王文物展”“漆光溢彩——馆藏楚汉漆器精品展”“民生漫画展”“‘5·18’国际博物馆日展览”。2019 年荆州博物馆引进展览 1 个：“文化瑰宝 影叙千秋——唐山皮影艺术展”。2019 年荆州博物馆参与外展 6 个：湖南省博物馆“根·魂——中华文明物语”、苏州博物馆“大邦之梦——吴越楚玉器·青瓷特展”、唐山博物馆“利兵谁何——湖北荆州出土楚国兵器展”、浙江省博物馆“越王时代——吴越楚文物精粹”展、镇江博物馆“品物流芳——

荆州古代精致生活文物展”、南宁市博物馆“珠联璧合——商周方国玉器联展”。

2020年荆州博物馆引进“瑞鼠吐宝——庚子鼠年新春生肖文物图片联展”以及“文物系荆楚·祝福颂祖国”系列海报展；推出原创展览“南有嘉鱼——荆州出土楚汉文物展”，并在深圳市南山博物馆展出。

2021年荆州博物馆举办原创展览“博物馆的未来：恢复与重塑”和“清风颂廉荆州博物馆廉政题材藏品精选”专题图片展。2021年荆州博物馆对外完成合作办展7个：与中国(海南)南海博物馆联合推出“光融天下——荆楚文化特展”，精选199件(套)文物进行展览；国家文物局、北京市人民政府主办，首都博物馆、中国丝绸博物馆、中国文物保护技术协会承办的“万年永宝——中国馆藏文物保护成果展”中，荆州博物馆馆藏的荆州谢家桥一号汉墓出土的3号荒帷参展；盘龙城遗址博物院展出的“长江万里青——长江流域青铜器精品展”中，荆州博物馆馆藏的3件(套)文物参展；盘龙城遗址博物院展出的“江汉泱泱 商邑煌煌——盘龙城遗址陈列”中，荆州博物馆馆藏的7件(套)三级文物参展；四川博物院展出的“山高水阔 长流天际——长江流域青铜文明特展”(图1-31)中，荆州博物馆馆藏的33件(套)文物参展；景德镇中国陶瓷博物馆展出的“王者之器——明代藩王用瓷特展”中，荆州博物馆馆藏的5件(套)文物参展；湖北省博物馆展出的“楚国八百年”展中，荆州博物馆馆藏的马山一号墓出土的蟠龙飞凤纹绣浅黄绢面衾复制件参展。

2022年荆州博物馆推出“壬寅说虎——荆州博物馆藏虎”图片展和“博物馆的力量——文物中的人与自然”图片展。2022年荆州博物馆举办馆际合作展览1个：与珠海博物馆联合举办“荆山有玉——荆州熊家冢楚王陵出土玉器展”，精选熊家冢墓地出土的100件(套)玉器，集中展示了楚式玉雕的特点和美学观。2022年荆州博物馆开展馆际交流展览11个：2022年1月，参加宁波博物院“虎虎生福——壬寅虎年新春生肖文物图片联展”和成都博物馆“云想衣裳——丝绸之路服饰文化特展”；3月，

图 1-31 山高水阔 长流天际——长江流域青铜文明特展

参加盘龙城遗址博物院“色如天相 器传千秋——中国古代绿松石文化展”和清华大学艺术博物馆“异彩纷呈——古代东西文明交流中的玻璃艺术”展；5 月，参加福建博物院“共饮一江水——长江流域青铜文明特展”和湖北省博物馆“龢：音乐的力量——中国早期乐器文化”展；6 月，参加宜昌博物馆“曾经巴楚——‘宜荆荆恩’城市群博物馆联盟青铜文物特展”；7 月，参加诸暨市博物馆“铮铮越吟——越文化精品文物展”；9 月，参加广西民族博物馆“共饮一江水——长江流域青铜文明特展”和浙江省博物馆“越颂——中华文物中的浙江传奇”特展；12 月，参加厦门市博物馆“共饮一江水——长江流域青铜文明特展”。

二、宣传教育

(一)教育项目

1. 常设性教育项目

荆州博物馆常设性教育项目主要包括：荆楚文化进百校、青少年教育活动、研学课程与活动。荆楚文化进百校项目内容主要为荆州博物馆走进荆州地区高校、中小学等，依托“荆楚瑰宝趣味讲堂”课程及博物馆流动展览进行趣味讲解，让青少年了解荆州博物馆以及荆楚文化。青少年教育活动主要是在传统节日开展各项主题活动，如元旦节开展“新创意新展览迎新年度佳节”活动，带领荆州博物馆志愿者及现场观众体验升级改造后全新的珍品馆；元宵节开展“夜游荆州博物馆”活动等。荆州博物馆作为爱国主义教育基地，常设系列研学课程与活动，弘扬爱国主义精神，讲好荆楚文化故事，办好社会教育，充分发挥博物馆公益服务职能。

2. 临时性教育项目

荆州博物馆根据宣教工作实际情况开展临时性教育项目，如为热烈庆祝中华人民共和国成立七十周年，举办“我为祖国送祝福——热烈庆祝新中国七十华诞”活动，用传统乐器古筝、琵琶演奏歌曲《我和我的祖国》(图 1-32)；建党一百周年之际，为进一步推动革命传统教育不断深入，教育引导广大青少年发自内心地爱国爱党，将红色基因代代相传，以“祖国的未来 民族的希望”为活动主题，携手湖北省博物馆社教部，走进江陵县沙岗小学，为该校学生讲授了一堂别开生面的“红色课”。这次爱国主义教育活动展现了沙岗小学的学生们赤诚的爱国之心和朝气蓬勃的精神面貌，学生们用真挚的情感、朴素的语言和实际的行动表达了对祖国的热爱以及奋发学习、报效祖国的决心。

3. 代表性教育项目

“荆楚瑰宝 趣味讲堂”作为荆州博物馆的代表性教育项目，依托荆州博物馆丰富的馆藏文物，结合课堂授课方式，加以趣味性、互动性、实践性，向社会公众宣传荆楚文化和中华优秀传统文化(图 1-33)。

图 1-32 “我为祖国送祝福——热烈庆祝新中国七十华诞”活动

图 1-33 “荆楚瑰宝 趣味讲堂”走进中国(海南)南海博物馆

“荆楚瑰宝 趣味讲堂”课程内容根据人群特点、文物特点设计，例如“荆州博物馆里的动物世界”课程引导小朋友们根据熟知的动物寻找馆藏文物中的动物造型，生动而又趣味十足；“谦谦君子 比德于玉”课程以北京奥运会“金镶玉”奖牌为引，讲述中国悠久的玉文化，结合馆藏玉器，让中小学生体会“温润如玉”的品性；“楚文化简谈”课程结合历史名人典故，向高校学生讲述楚文化的辉煌。此外，还有“文物成语我知道”“走进绚丽多彩的漆器世界”“利兵谁何——楚国的精兵利器”“精美绝伦的楚汉织绣品”“从‘猪形酒具盒’看楚国连环画”等数十个课堂。“荆楚瑰宝 趣味讲堂”系列教育活动自 2016 年创立以来，已开展了线上线下活动 300 余场次，除荆州本地外，还走进武汉、呼和浩特、唐山、深圳、琼海等城市，线下参与活动的公众有近万人，活动场地包括学校、社区、单位、乡村、军营等。荆州博物馆“荆楚瑰宝 趣味讲堂”系列教育活动自创立以来就收获各方好评，与荆州市各大媒体紧密联系、实时宣传，形成了良好的品牌效应。通过多年实践，荆州博物馆“荆楚瑰宝 趣味讲堂”荣获“全国文博社教百强案例”“全国优秀教育案例”“湖北省十佳教育案例”“湖北省文博系统十佳研学课程”等称号；由荆州博物馆宣教部人员编写的《荆楚瑰宝 趣味讲堂——荆州博物馆宣教创新与实践》于2022年正式出版。

（二）教育活动

1. 法定节假日和寒暑假策划实施的活动

法定节假日和寒暑假策划实施的活动包括“欢度元旦 共迎新年”元旦主题活动、端午节主题活动（图1-34）、“弘扬抗疫精神 共谱文旅新篇”建党主题活动、“同庆建军佳节・共叙鱼水深情”建军节活动、“特别的爱给特别的你”母亲节主题活动、世界旅游日活动、“中秋情浓意更浓”等。

2. 面对不同公众策划实施的特色教育活动

根据不同公众需求及其对知识点的兴趣，不断地学习新理念、改进方式，寓教于乐，让大家在体验中学习、在游戏中学习、在快乐中感受博物馆的美好，如开展“相约楚风”暑期少儿楚文化体验活动（图1-35）；开展特色教育活动，如“文明旅游，健康出行”主题活动等。

图 1-34 荆州博物馆在幼儿园开展端午节主题活动

图 1-35 “相约楚风”首届暑期少儿楚文化体验活动

3. 学校教育活动

图 1-36　荆州博物馆赴沙市黄家塘小学开展教育活动

(1)为学校提供支持和帮助。荆州博物馆常年为学校开展教育教学活动给予支持，鼓励学校组织学生到博物馆开展学习实践活动。荆州博物馆定期或不定期地邀请学生到博物馆参观学习，参加活动；将“荆楚瑰宝 趣味讲堂”带到学校，进一步让学校师生了解楚文化(图 1-36)。

(2)接纳在校学生进行社会实践。荆州博物馆宣教部为每位来馆实践的学生建档，针对不同年龄阶段并结合个人实际情况安排好工作岗位和任务，由讲解员带领学生一起参加爱心公益活动和讲解服务等(图 1-37、图 1-38)。

图 1-37　青年志愿者开展义务讲解服务

图 1-38　暑期小讲解员培训班活动

4. 开展“互联网+教育”活动

荆州博物馆积极利用互联网平台，与荆州 901 汽车电台、新浪直播联合现场同步直播“云游荆州博物馆”，讲解员带领观众参观博物馆的同时进行全程讲解。“美的中国尊·荆州博物馆美的巡礼——2020 荆楚瑰宝 趣味讲堂夏季特别活动”（图 1-39）由荆州博物馆讲解员担任文物主播，通过走进展厅、展示文物出土时的照片、展示文物复制件等形式，让广大网友通过直播镜头了解荆州博物馆，了解楚文化，4 场直播总计观看量达 34.9 万人次，评论数超过 10 万条。“惠游湖北消费直播季荆州直播活动”带游客云游荆州博物馆，吸引了数十万人线上参观。“荆楚红色文艺轻骑兵云演季”直播活动中，讲解员曹寰蓓对荆州进行推介，与 287 万名网友齐聚演出直播间，共同云游湖北。

图 1-39 “美的中国尊·荆州博物馆美的巡礼——2020 荆楚瑰宝 趣味讲堂夏季特别活动”

第二章
荆州博物馆陶质彩绘文物保护修复措施

第一节　项目概述

2016 年荆州博物馆选出 140 件（套）陶质彩绘文物，在实际勘查、病害认知、科学检测以及实验室保护修复局部实验的基础上，联合荆州文物保护中心编制了陶质彩绘文物保护修复方案。根据《国家文物局关于湖北省荆州博物馆馆藏陶质彩绘文物保护修复方案的批复》（文物博函〔2016〕519 号），该方案于 2016 年获批立项，湖北省财政厅下达荆州博物馆国家重点文物保护专项资金 160 万元。荆州博物馆负责这批陶质彩绘文物的保护修复工作，秦始皇帝陵博物院（陶质彩绘文物保护国家文物局重点科研基地）负责技术培训指导工作。2017 年 5 月至 2020 年 10 月，荆州博物馆联合湖北太岳园林古建工程股份有限公司修复人员组成工作组，按照保护修复方案在荆州博物馆文物保护中心具体实施这批陶质彩绘文物的修复工作，并顺利结项（图 2-1）。

图 2-1　荆州博物馆馆藏文物保护修复项目结项会

第二节　现状调查

一、基本信息

荆州博物馆这批保护修复的陶质彩绘文物共计140件(套)，其中战国时期器物128件(套)，占比91.43%；汉代器物12件(套)，占比8.57%。这批陶质彩绘文物价值较高，器物类型包含鼎、敦、壶、罍、缶、簠、熏炉、罐、瓮等。其中三级文物93件(套)，占比66.43%；未定级文物47件(套)，占比33.57%。这批陶质彩绘文物器表彩绘虺龙纹、菱形纹、涡纹、卷云纹等纹饰，器物上的纹饰反映了战国时期至汉代的独特风格。

二、病害情况

一方面由于出土环境的影响，这批陶质彩绘文物出土时有的就已经出现裂缝或残断情况，有的器物由于残破而无法分辨完整的纹饰，有的器物上彩绘层变得模糊不清，难以辨认。另一方面，陶质彩绘文物出土后对温湿度非常敏感，湿度低导致陶胎失水，彩绘层起翘、脱落；湿度高容易引起霉变，器物的彩绘层会出现脱落、剥落、龟裂、裂缝等情况。

荆州博物馆这批陶质彩绘文物主要存在以下病害：

1. 裂纹

当陶质彩绘文物出现裂纹后(图2-2至图2-5)，器物随时可能由于裂纹裂隙增大而呈现碎片化，导致器物不完整，大大影响其整体价值。

图 2-2　战国彩绘陶钫(5:13939)

图 2-3　战国陶壶(秦家咀 M26:4)

图 2-4　战国陶壶(5:8423)

图 2-5　战国陶壶(太晖砖厂 M73:2)

2. 残缺

当器物器身出现残缺(图 2-6 至图 2-9)时，器物的使用功能基本丧失，但由于器物本身的造型精美或具有重要价值，可通过修复保持其外观的完整性，同样具有研究价值。

图 2-6　战国菱形虺龙纹陶壶(5:8857)

图 2-7　战国陶簠(秦家咀 M26:3)

图 2-8　战国陶鐎壶(太晖砖厂 M7:22)

图 2-9　战国菱形纹卷云纹陶罍(5:8045)

3. 破碎

这批陶质彩绘文物均为考古发掘出土，部分器物出现整体碎裂，但器物的碎片相对较全(图 2-10、图 2-11)，通过修复仍旧可以保持器物外观的完整性。

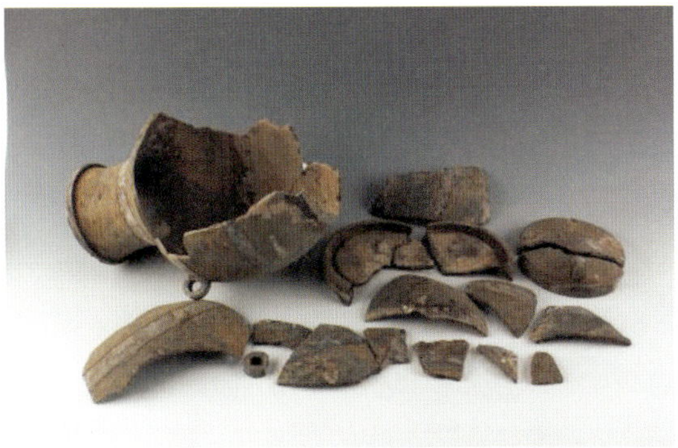

图 2-10 战国陶壶(荆郃 M1:12)

图 2-11 战国陶敦(太晖砖厂 M54:14)

4. 修复不当

在器物出现裂纹或碎片时，早期曾对其进行粘接或补配，但由于当时技术方面的原因，粘接、补配不当或粘接胶体、补配材料影响文物的整体外观(图 2-12、图 2-13)，需重新进行修复。

图 2-12 战国陶壶(5:14135)

图 2-13 战国陶簠(5:14095)

5. 器表存在病害

陶质彩绘文物器表存在的病害类型主要有彩绘纹饰剥落(图 2-14)、器表龟裂(图 2-15)、泥土附着(图 2-16)、表面起翘(图 2-17)等。

图 2-14　战国陶壶(5:12666)

图 2-15　战国陶壶盖顶图(红砖 M15:1)

图 2-16　战国陶壶(5:13926)

图 2-17　战国陶壶(5:14106)

第三节　检测分析

本次陶质彩绘文物保护修复项目共开展了三批次样品的 X 射线荧光光谱(XRF)检测分析工作，涉及 18 件(套)器物的 53 个检测点。

一、第一批次样本检测分析

第一批次使用手持式 X 射线荧光光谱仪对 7 件(套)器物的呈色部分(包括红色、黑色、白色、黄色等颜料)的 24 个检测点进行检测，分别获得相应的元素含量数据。

(一) 红色颜料呈色物质分析

分别对 M42：2(江纪刘)、5：8797(刘大湖 M36)和 5：13995(M103：2)3 件(套)器物的 5 个红色点位进行 XRF 检测，结果见表 2-1。由表 2-1 可知，5 个检测点处 Hg 和 S 元素含量相对较高，故推测红色颜料呈色物质主要为朱砂。

表 2-1　红色颜料呈色物质分析结果　　单位：mg/g

检测点	器物编号	Fe	Ti	Zn	Cu	Hg	Ca	K	S
1	M42:2(江纪刘)	11.69	4.26	0.44	1.20	18.65	31.69	20.05	96.24
2	M42:2(江纪刘)	12.72	3.55	0.38	3.87	17.58	38.60	11.02	119.10
3	5:8797(刘大湖 M36)	13.24	2.72	1.22	0.68	36.56	21.88	9.24	126.73
4	5:13995(M103:2)	12.52	2.43	1.84	1.53	52.24	36.79	9.08	134.95
5	5:13995(M103:2)	14.10	3.62	0.64	0.72	12.36	5.17	11.18	52.15

(二)黄色颜料呈色物质分析

分别对6件(套)器物的10个黄色彩绘点位进行XRF检测，结果见表2-2。由表2-2可知，测得元素以Fe、Ti、Cu、Hg、Ca、K、S为主，在10个检测点处，Hg元素含量相对较低，其呈色物质可能为含Fe、S元素的物质。

表2-2 黄色颜料呈色物质分析结果 单位：mg/g

检测点	器物编号	Fe	Ti	Cu	Hg	Ca	K	S
1	5:8797(刘大湖M36)	15.44	5.61	0.25	0.24	19.69	20.81	18.96
2	5:8236	22.71	4.42	1.83	0.48	27.24	18.38	3.27
3	5:13995(M103:2)	17.25	4.53	3.38	0.47	42.23	15.84	36.95
4	5:13995(M103:2)	17.35	3.91	1.67	0.56	72.03	14.41	65.63
5	5:13995(M103:2)	12.96	3.46	2.02	0.14	84.69	11.60	74.19
6	5:13995(M103:2)	17.07	4.16	0.62	0.34	72.24	15.41	66.34
7	M73:2(太晖砖厂)	24.94	4.29	0.35	0.66	7.19	13.79	1.76
8	M73:2(太晖砖厂)	26.19	5.47	0.42	1.05	9.30	18.72	2.24
9	5:14273(M151:3)	28.49	5.33	11.79	0.07	29.00	14.51	45.53
10	5:8052	13.69	3.10	26.19	4.31	36.25	24.14	40.55

(三)黑色颜料呈色物质分析

分别对3件(套)器物的5个黑色点位进行XRF检测，结果见表2-3。由表2-3可知，测得元素以Sn、Fe、Cu、Hg、Ca、K、S为主，其呈色物质可能是含Fe、Cu、Hg元素的物质。

表 2-3　黑色颜料呈色物质分析结果　　单位：mg/g

检测点	器物编号	Sn	Fe	Cu	Hg	Ca	K	S
1	M42:2(江纪刘)	0.32	14.89	6.21	5.61	60.16	16.89	102.97
2	M42:2(江纪刘)	0.11	21.08	11.98	7.24	49.69	11.32	90.27
3	5:8236	1.00	13.26	0.29	0.08	48.27	35.13	14.02
4	5:8052	2.57	17.04	0.15	0.08	49.64	41.05	14.23
5	5:8052	2.61	20.56	0.19	0.02	40.65	30.19	13.20

(四) 白色颜料呈色物质分析

分别对 2 件(套)器物的 4 个白色点位进行 XRF 检测，结果见表 2-4。由表 2-4 可知，测得的主要元素有 Sn、Fe、Ti、Hg、Ca、K、S 等，从元素组成推测，白色颜料的呈色物质主要是含有 Sn、Ti 和 Ca 元素的物质。

表 2-4　白色颜料呈色物质分析结果　　单位：mg/g

检测点	器物编号	Sn	Fe	Ti	Hg	Ca	K	S
1	5:8236	2.35	24.10	4.61	0.11	35.83	52.90	3.61
2	5:8236	1.52	15.63	4.04	0.13	46.80	48.12	4.46
3	M73:2(太晖砖厂)	2.46	23.30	3.55	0.21	47.09	63.11	2.58
4	M73:2(太晖砖厂)	4.36	24.54	3.68	0.11	49.59	65.38	2.01

不论是器物的红色、黄色、黑色还是白色区域，检测出的元素类别基本相同，但各元素的含量有较大的差异。由此可知，陶器中不同颜色是由不同的呈色物质混合所致。

本次检测仅采用手持式X射线荧光光谱仪对文物的不同颜色区域进行检测，初步测得元素种类、含量，对呈色物质有一个方向性的判断，应结合其他表征手段，进一步明确不同颜色区域的呈色物质种类。

二、第二批次样本检测分析

2019年在修复过程中再次挑选4件(套)器物的9个残片样品，委托秦始皇帝陵博物院进行深入检测。检测结果如下：

(一) 岩相偏光分析

1. 仪器和材料

(1) 仪器：徕卡(Leica)DMLSP型偏光显微镜、打磨机、切割机、真空浸渍仪、紫外灯。

(2) 材料：载玻片，盖玻片，600目二氧化硅磨料，环氧树脂套装，紫外固化胶，玻璃板，无水乙醇，600目砂纸等。

2. 制样过程

对研究对象进行初步的观察并记录特征，然后拍照。选好要制备样品的陶片及切割面，在切割机上切割出一个平整的剖面。将样品放进一个塑料样品盒中，在抽真空情况下进行树脂包埋加固处理，待树脂固化后在打磨机上采用600目砂纸加水将其一面磨平，烘干或风干；在玻璃板上放600目二氧化硅磨料，加水，打磨载玻片一面，磨好后用无水乙醇清洗备用。将磨平的陶片样品切割面用紫外固化胶粘在载玻片磨砂面上，固定好后放在紫外灯上照射3～4小时。使用切割机将粘在载玻片上的样品再次切片到 1～2 mm 厚。将载玻片上的样品放在打磨机上继续进行打磨，一般打磨到 50～100 μm厚即可。手工将样品抛光至 30 μm 厚，在抛光过程中持续在偏光显微镜下观察抛光程度，至样品里的石英颗粒变成白色即可。使用紫外固化胶将盖玻片粘在样品表面，以便保护和保存样品及方便后续观察分析。

3. 样品岩相分析结果

本次分析了陶敦(5：8401)、陶鼎(5：8069)等 4 件(套)器物的 5 个陶片样品，样品岩相分析结果见表 2-5。

表 2-5　样品岩相分析结果

样品	孔隙	夹杂物	氧化铁	样品偏光显微分析图
陶敦(5:8401)口沿残片(竖切)	孔隙较少，大都为圆形，极个别为长条状，其大小不一，孔径最大的约 0.995 mm，最小的约 0.325 mm，孔隙由外层到内部数量逐渐增多	夹杂物主要有石英、长石及黑云母，石英数量最多，其次是长石，极个别为黑云母；颗粒大小差别较大，小颗粒大小、分布较均匀，大颗粒大小较均匀，但分布不均匀，数量从外层到内部逐渐增多，且在内部集中分布	有多处出现氧化铁形态物质，红棕色，形状为椭圆形，大小不太均一，最大的长约 0.639 mm，最小的长约 0.231 mm	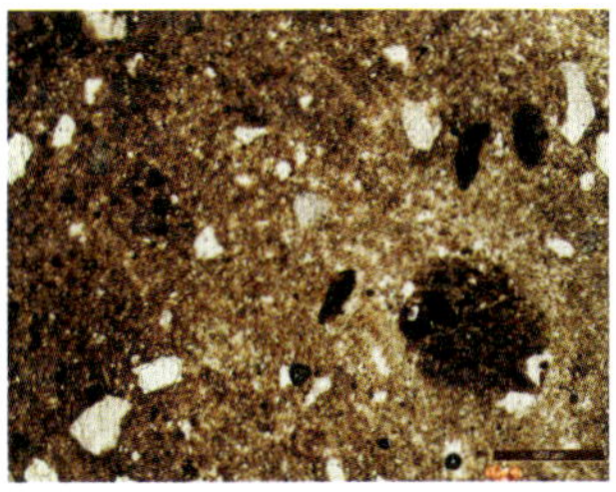 单偏光夹杂物与氧化铁  正交偏光夹杂物与氧化铁

续表 2-5

样品	孔隙	夹杂物	氧化铁	样品偏光显微分析图
陶敦(5:8401)口沿残片(横切)	孔隙较少,多呈长条状,集中分布在中间偏内层的位置,外层孔隙极少,形状、大小基本一致,孔隙普遍较小	夹杂物主要有石英和长石,石英数量最多,其次是长石;颗粒大小差别较大,小颗粒大小、分布较均匀,大颗粒大小、分布也较均匀,整体夹杂物含量较多,从外层到内层夹杂物没有太明显的变化	多处出现氧化铁形态物质,极个别氧化铁物质较大,长度约为0.901 mm,其余的都较小,且大小较为均一,从外层到内层均匀分布,但形状有所变化,大多数氧化铁物质呈椭圆状,只有少数氧化铁物质呈长条状	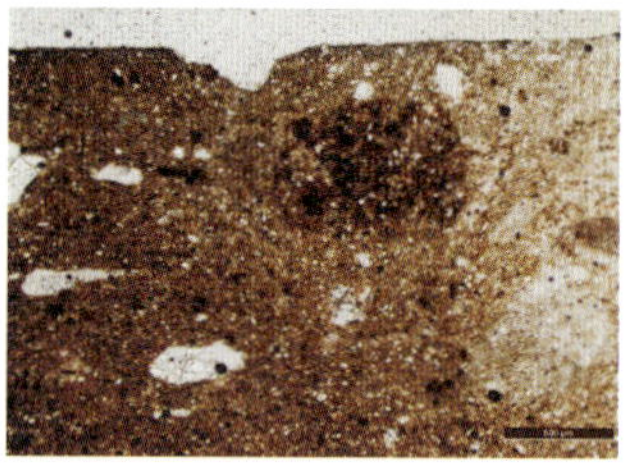 单偏光夹杂物、孔隙与氧化铁 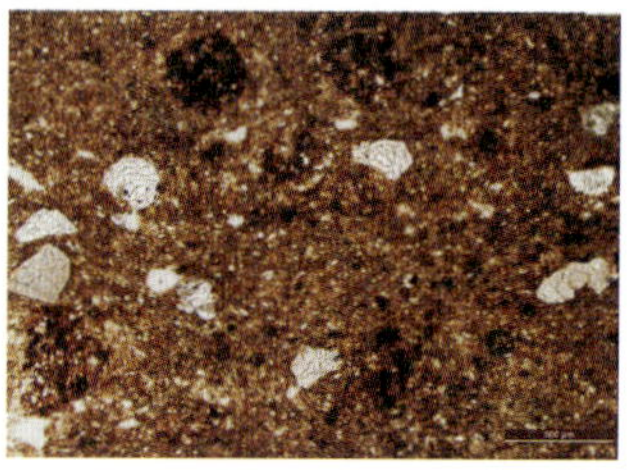 单偏光夹杂物与氧化铁
陶鼎(5:8069)器盖残片	孔隙较少,多为不规则形状,大小不太均一,孔径最大的约为0.152 mm,最小的约为0.024 mm,孔隙大都分布在中间偏外层的位置	夹杂物主要有石英和长石,石英数量最多,长石其次,夹杂物总体含量相对较少;颗粒大小较为均一,长度基本在0.03~0.04 mm之间,多为岩石状,多分布在中间及内层位置	没有观察到氧化铁形态物质	 单偏光夹杂物 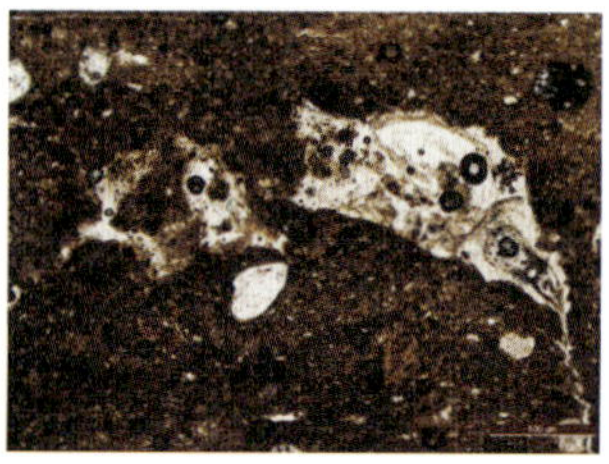 单偏光孔隙

续表 2-5

样品	孔隙	夹杂物	氧化铁	样品偏光显微分析图
陶缶（M1:12 江纪郘）[a]	孔隙较多，大多数孔隙较小，少部分孔隙较大，孔径最大的约为 0.69 mm，最小的约为 0.091 mm，小的孔隙形状接近圆形，大的孔隙形状近似于粗长条状，从外层到内部分布较均匀	夹杂物总体较少，主要是石英和长石，石英数量最多，其次是长石；夹杂物小颗粒分布均匀，大颗粒从外层到内层逐渐减少且分布较为集中	多处出现氧化铁形态物质，红棕色，形态为椭圆状，大小不太均一，长度最大的约0.497 mm，最小的约0.192 mm，多集中分布在中部偏内层位置	 正交偏光颜料渗入部分  单偏光夹杂物与氧化铁
陶壶（M81:? 江纪刘）[b]	孔隙极少，形状、大小较均一，孔径最小的约 0.328 mm，最大的约 0.608 mm，形状多为粗长条状，孔隙整体分布分散且不均匀	夹杂物以石英为主，且皆是细小的颗粒，整体分布很均匀	多处出现氧化铁物质，且数量相对较多，颗粒较大，极个别较小，长度最大的约1.343 mm，最小的约0.113 mm，分布较为集中，形状大多是椭圆形，少数是长条状	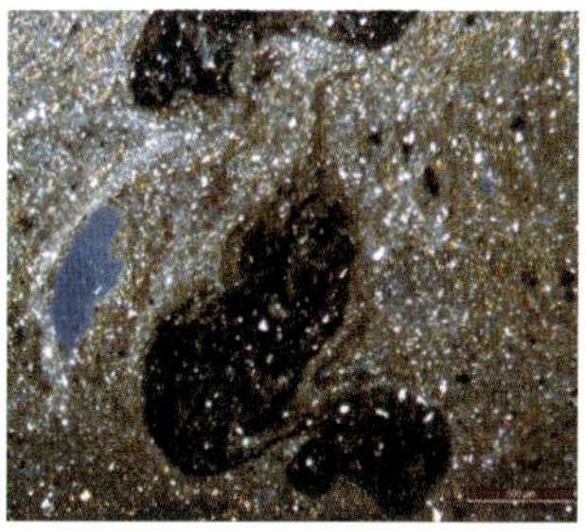 正交偏光孔隙与氧化铁 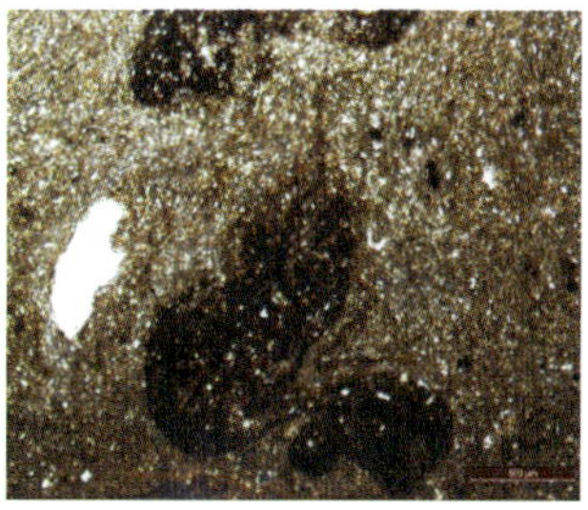 单偏光孔隙与氧化铁

注：[a]该样品在外层有红色颜料的痕迹，有可能是颜料渗入。

[b]此处器物原始档案中编号即为“M81:? 江纪刘”，故此处保留这种表述方式。

(二) 颜料偏光分析

1. 仪器和材料

(1) 仪器：徕卡(Leica)DMLSP型偏光显微镜。

(2) 材料：固封树脂、巴斯德吸管、钨针、镊子、载玻片、盖玻片、加热台、无水乙醇、黑色油性笔等。

2. 制样过程

用黑色油性笔在载玻片背面标出载样区域，借助偏光显微镜，用洁净的钨针取样到载玻片的载样区域。根据样品的离散状况，滴加无水乙醇至样品边缘后，用钨针研匀样品至溶剂完全挥发。用镊子取盖玻片放至样品上，并放于加热台上加热至90～100 ℃，用巴斯德吸管吸取固封树脂，沿盖玻片一侧缓慢将其渗满整个盖玻片。待样品冷却后，即可在偏光显微镜下观察。

3. 样品颜料分析结果

本次分析了陶壶(M81:? 江纪刘)、陶敦(5：8401)这2件(套)器物的4个陶片样品，样品颜料分析结果见表2-6。

表 2-6　样品颜料分析结果

颜料	样品	样品描述	分析结果	样品偏光显微分析图
红色颜料	陶壶（M81:? 江纪刘）	该样品在单偏光下颗粒呈岩石状，颗粒较小，颜色呈红色；正交偏光下，颜色呈火红色并带有橘黄色调，四次强消光	朱砂	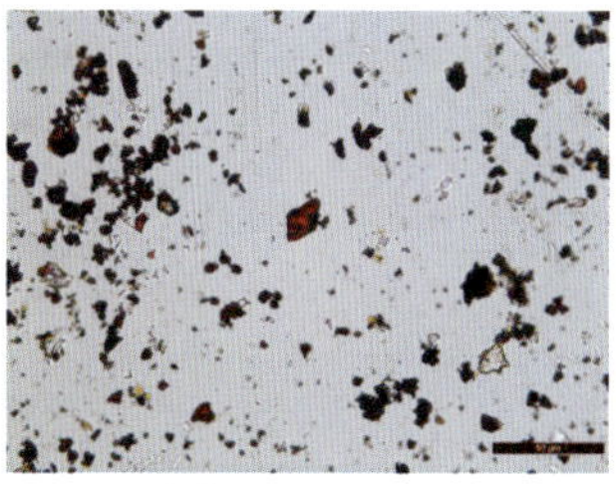 单偏光显微照片
白色颜料	陶敦(5:8401)口沿残片	该样品在单偏光下颗粒呈白色半透明状，边缘不清晰；在正交偏光下消光性弱，折射率小	白土	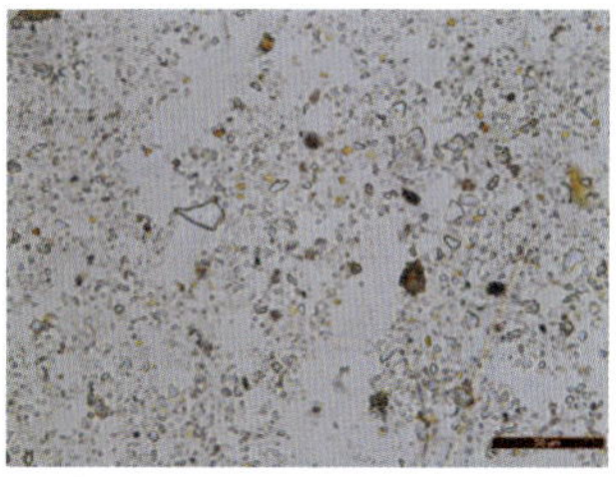 正交偏光显微照片
红色颜料	陶敦(5:8401)口沿残片	该样品在单偏光下颗粒呈岩石状，颗粒较小，颜色呈红色；正交偏光下，颜色呈火红色并带有橘黄色调，四次强消光	朱砂	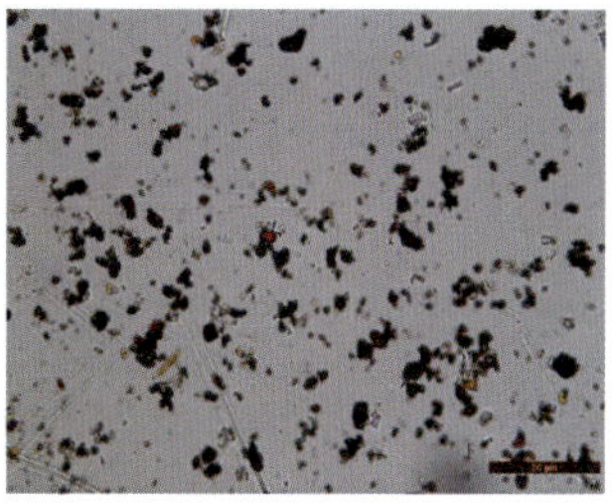 单偏光显微照片
黑色颜料	陶敦(5:8401)口沿残片	特征不明显	—	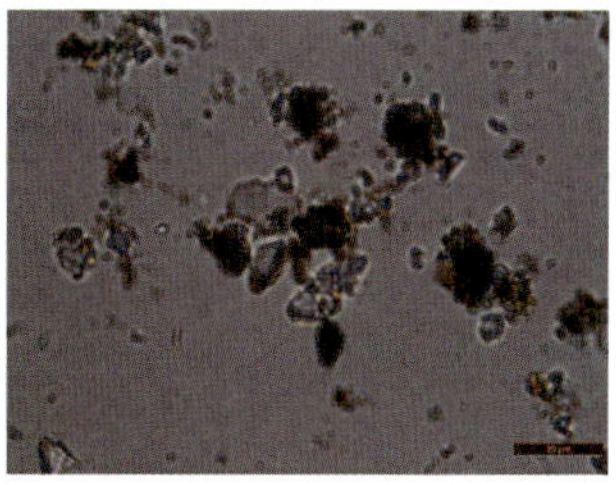 单偏光显微照片

三、第三批次样本检测分析

2019年荆州博物馆梳理待修复文物残损陶片后，委托中国科学院上海硅酸盐研究所利用现代仪器分析技术对7件(套)陶质彩绘文物样品进行成分分析。在开始检测之前，需要先对样品进行分析前处理，即先用超纯水超声清洗样品，再用60 ℃的真空干燥箱干燥，然后对样品表面的典型位置(包括各种不同颜色的彩绘部位)进行能量色散X射线谱(EDS)分析。检测样品及结果详见表2-7。

表2-7　检测样品及结果汇总

样品	样品图片	检测点位	检测结果及分析
陶缶(M1:12)		黑色	含有碳、氧、镁、铝、硅、钾和铁等元素，推测其主要成分是氧化硅和氧化铝
		红色	含有碳、氧、铝、硅、汞、硫、锡、钙和铁等元素，推测其主要成分是硫化汞(朱砂)
		灰色	含有碳、氧、镁、铝、硅、磷、锡、钙、钡和铁等元素
		土黄色	含有氧、铝、硅和钾等元素
鼎耳(M23)		黑色	含有碳、氧、镁、铝、硅、硫、钾、锡、钙、钡和铁等元素，其主要成分为氧化硅、氧化铝和氧化钙
		砖红色	含有碳、氧、镁、铝、硅、钾、钙、钡和铁等元素，推测三氧化二铁的存在使其显示出砖红色
陶盘(M27:4)		棕灰色	含有碳、氧、镁、铝、硅、钾、钙和铁等元素，主要成分是氧化硅、氧化铝和氧化铁
		黑漆	主要含有碳和氧元素

续表2-7

样品	样品图片	检测点位	检测结果及分析
陶敦（M54:14）		黑色	含有碳、氧、镁、铝、硅、钾、钙和铁等元素，其主要成分是氧化硅和氧化铝
		红色	含有碳、氧、铝、硅、硫、汞、钾、锡、钙、铁和铜等元素，其主要成分是硫化汞（朱砂）
		土黄色	含有碳、氧、镁、铝、硅、钾、钙和铁等元素，其主要成分是氧化硅和氧化铝
陶缶（M81）		黑色	含有碳、氧、镁、铝、硅、钾、钙、钡和铁等元素，其主要成分是氧化硅和氧化铝
		红色	含有碳、氧、铝、硅、硫、汞、铁和铜等元素，其主要成分是硫化汞（朱砂）
陶缶（M37:22）		黑色	含有碳、氧、镁、铝、硅、钾和铁等元素，其主要成分是氧化硅和氧化铝
		红色	含有碳、氧、镁、铝、硅、钾和铁等元素，推测是氧化铁使其显示出红色
		土灰色	含有氧、镁、铝、硅、钾、钙和铁等元素
		黑色漆	含有碳、氧和硅等元素
陶鼎（M64:5）		深灰色	含有碳、氧、铝、硅、硫、钾、钙和铁等元素，其主要成分除了氧化硅和氧化铝之外，硫和钙元素的含量也较高
		砖红色	含有碳、氧、铝、硅、硫、汞、钾、钙和铁等元素，其主要成分是硫化汞（朱砂）

第四节　价值评估

这批陶质彩绘文物的特征及价值主要体现在以下几个方面：

（1）作为人类最早的发明创造之一，陶器的发展演变与人类的生产和生活密切相关，是历史信息的重要载体，典型古陶器已经成为时代文化的代表符号，见证了中华文明的发展历程，陶质彩绘文物因其表面设色施绘，或鲜艳夺目，或生动传神，较之素面陶质文物更显弥足珍贵，是陶质文物历史、艺术、科学价值的集中体现。但由于自然风化、生物侵蚀、环境污染等原因，陶质彩绘文物上的彩绘层不易保存，因此及时采取科学有效的保护措施尤为重要。只有分析出造成器物损害的原因，才能对症下药，修旧如旧，延长文物的保存寿命。这批陶质彩绘文物虽然数量不多，但它们见证了中华文明的发展历程，是考古学研究中建立器物类型学和断代发展序列最重要的实物资料之一。

（2）荆州出土的战国、秦汉时期的陶质彩绘文物，由于长期深埋地下，在地下水的长年浸泡作用下，器物上的彩绘多已暗淡，特别是战国时期的陶器烧制温度较低，出土时部分器物出现裂缝或残断。这批陶质彩绘文物修复成功后，将有效提高荆州博物馆馆藏文物的价值，丰富文物展览内容，为陈列展示提供更多的“精品”和“亮点”。

第五节　保护修复技术路线

一、保护修复原则

严格遵守保护修复工作“修旧如旧、保持原貌”的总原则，所有的工作程序、处理方法均必须遵守不改变文物原貌，全面地保存、延续文物的真实信息和历史、艺术、科学价值，确保文物安全以及增强文物的抗腐蚀能力，并以不影响文物今后再次保护修复为前提的原则。具体保护修复原则如下：

（1）真实性原则。保持文物原貌，不改变文物原状。即保持文物原来的功能、形状，保存原来的结构、制作材料。

（2）最小干预原则。尽可能采取预防性保护措施，针对文物病害进行保护处理，在病害处理过程中尽量减少对文物本身材质和形状的干预。

（3）可再处理性原则。保护修复材料使用后具有可再处理性，以备将来科技发展有更新更好的材料加以替换。

（4）稳定性原则。保护修复所使用材料的性质和保护修复效果应具有长期的稳定性。

（5）修复材料兼容性原则。用于保护修复的材料应与本体材料兼容，不应出现“保护修复性”损害，修复后文物不留隐患；修复所用的材料，既能消除影响文物寿命的病害，又能防止或延缓病害的发生。

（6）可操作性原则。用于文物保护修复的材料，尽量选择价格合理、制造工艺简单、环保无污染、易于处理的材料，保护方法简单可操作且符合经济条件。

二、技术路线

荆州博物馆这批陶质彩绘文物采用的保护修复技术路线见图 2-18。

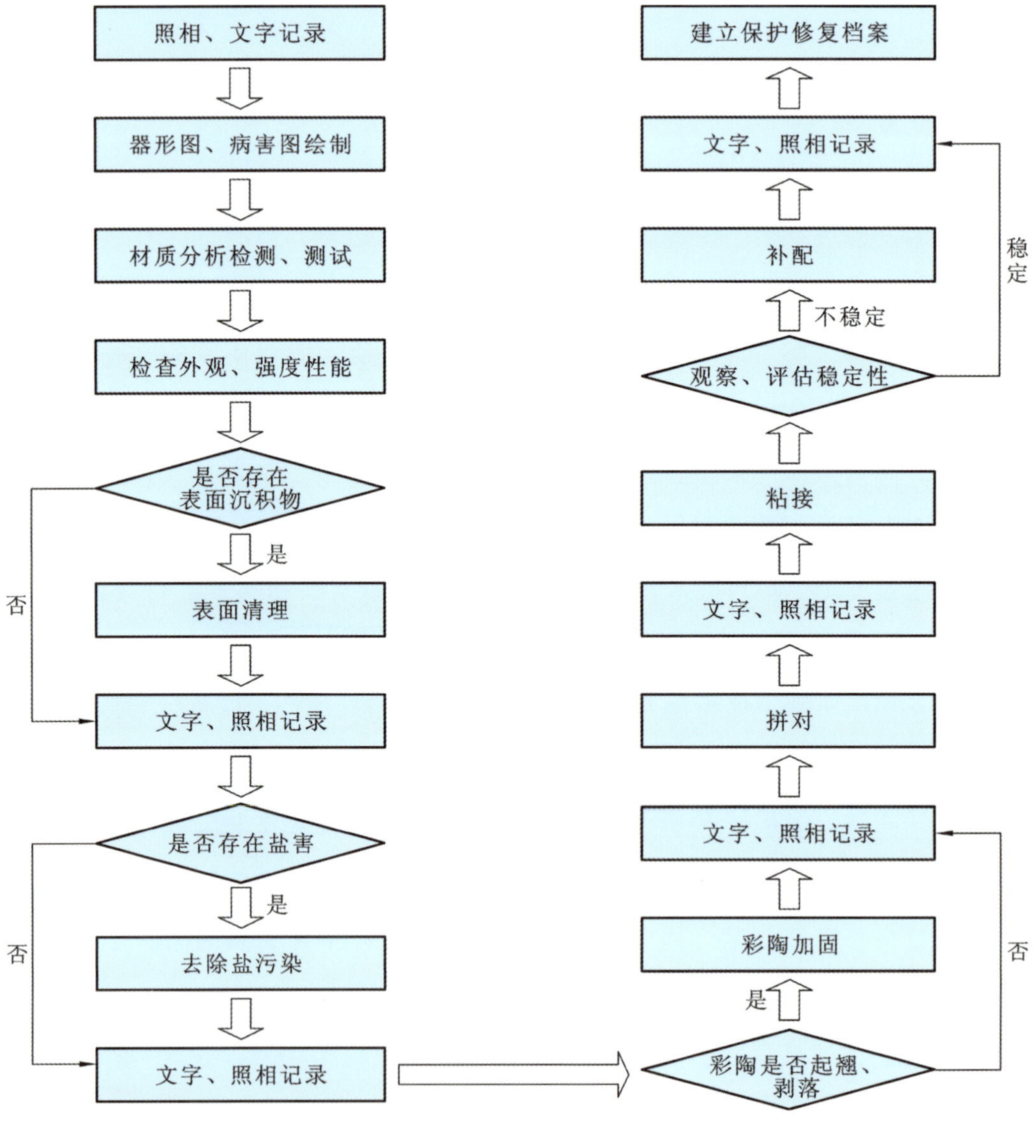

图 2-18　荆州博物馆这批陶质彩绘文物采用的保护修复技术路线图

第六节　保护修复实施过程

一、照相记录工作

照相记录作为保护修复的日常性工作，贯穿于器物保护修复的整个过程，照相记录能直观地反映器物本身的信息及保护修复过程。照相记录工作具体包括以下几个方面：

（1）修复前照相：用于记录文物修复前器物状况，器物各个方位整体和局部照片能反映器物的外形、残损程度、彩绘状况等。针对需保护修复文物，则侧重于记录器物的损坏、病变情况等。

（2）局部修复前后的对比照片：虽然在前期的绘图工作中对器物已有所认识，但在修复过程中有可能出现新的问题，例如在清理时发现某处的彩绘保存状况差，需采取必要的加固措施才可继续清理，这时不但要进行文字记录，同时要辅以必要的图像记录，主要针对修复时清理、加固前后实验比较。

（3）保护修复过程中的照相：有时文物的信息只有清理后才能看到，如被土垢等掩盖的纹饰及刻画字符等，这些信息的获取对于后期的研究工作有着极其重要的作用，因此在保护修复过程中应及时进行照相记录。

（4）修复后照相：用于记录文物修复后器物状况，从器物各个方位整体和局部进行照相，应与修复前照片相对应，这样具有对比性（对于粘接成形后还需进行补配的器物，粘接成形、补配、随色每个阶段都需拍照）。

二、表面清理

表面清理是修复过程中的第一步，也是最基础最关键的步骤。清理就是去除器物上的有害物质，使其更加稳定、更加安全地保存下去，清除影响陶器保存的有害物质，恢复彩陶原有的历史风貌，同时为后续的保护修复工作创造条件。其中清理方式及清理材料的选择要针对不同器物和不同病变而有所区别。清理方法主要有物理清除法和化学清除法。实际工作中选择哪种方法，要经过分析后选择小面积部位进行预清洗试验，并据结果而定。物理清除法对器物损伤小、安全性好、易于操作且可清除多数病变，是一种十分有效的方式。

清理的对象包括器物表面的泥土、硬结物、植物残留物等。清理的工具以富有一定弹性和韧性的竹签为宜，辅以手术刀等工具。清理工作应做到在清理结束后，器物的整体清洗效果协调并具有统一性，不可在不同区域清理出不同效果。

清理时应遵循以下要求：对于整件陶器先将其划分为若干区域，清理出标准区域之后，再以此为标准，清理其余的区域。划分清理区域的目的是不致在断断续续的清理工作中将未清理与已清理的区域混淆。对于全部是碎片的陶器，先挑选一小块进行清理，然后以此为标准清理其余碎片，以便达到整体协调统一。

清理时先用软毛刷将器物内外表面的浮土、灰垢进行简单清扫。由于陶质彩绘文物较为特殊，针对陶质彩绘文物泥土附着物和沉积物等，主要采用物理清除法和化学清除法相结合的方式对其进行清理，清理时不宜浸泡。

（1）表面泥土的去除：清理陶质彩绘文物表面较为松软的泥土附着物，可用软毛刷、吸耳球、小竹签、自制竹刀和自制木刀等工具；对于陶质彩绘文物表面较难清理的其他附着物，可用雾化效果较好的喷壶在土垢表面喷少许去离子水和乙醇的混合液，使土垢充分润湿，然后用上述工具进行清理。

（2）表面其他附着物、微生物的去除：表面其他附着物主要分为有机酯类和炭黑。清理时，主要采用棉签滚动擦拭法，蘸取适量乙醇溶液反复擦拭。需要注意的是，清理过程中要及时更换棉签。

（3）清除器物或陶片上的石膏：清理器物或陶片上残留的石膏是本次保护修复中的难点之一。用滴管吸取去离子水和乙醇的混合液滴于石膏上，待石膏软化后用手术刀将大面积的石膏剔除，至于缝隙中残留的石膏需用竹签小心剔除。

（4）前期不当修复的清理：这批陶器大部分在考古现场临时修复过，由于修复材料老化或修复技术等问题需要对器物进行解体后重新修复。为了避免在解体过程中对文物造成新的损害，必须对之前使用的粘接剂进行鉴别、分析。通过观察粘接剂的颜色并用溶解剂实验进行鉴别，确定粘接剂的种类后，可以根据粘接剂的性质选用相应溶剂将其溶解。对于不能浸泡的陶器，采用滴管渗透法，逐片逐块地慢慢溶解粘接剂。解体后的陶器碎块断面要进行细致的清理工作，断面的清理工作实际上是粘接界面的表面处理工作，一方面是将残留的粘接剂清除，以免影响接缝的紧密结合程度；另一方面是将表面残留的杂物、油渍、泥土等清除干净，提高被粘接物表面的胶结能力，如果陶片断层表面有异物附着，会降低粘接剂对被粘接物表面的亲和力，从而降低粘接强度和粘接质量。

陶片碴口及其周边均残留胶结物，甚至有些陶片碴口的胶结物残留还很厚，因此胶结物的清除是本次保护修复过程中的一大难点。通过对这批陶器进行观察检测发现，这批陶器使用过的粘接剂主要有两种：白乳胶、洋干漆。清除乳胶时，利用乳胶可溶于水的特点，用热毛巾在胶结物上敷 3～5 分钟，待其软化后，用手术刀将胶结层揭取，残留物用刷子沾去离子水即可清理干净；对于洋干漆，可以用手术刀轻轻剔除。

三、表面加固

表面清理工作结束后，为了防止后续的拼对、粘接、补配等保护修复措施引起陶器表面胎层剥落，需先对陶器进行加固处理。根据陶质彩绘文物的特点，加固材料的选择应满足以下条件：

(1) 无色透明，不引起文物外观颜色和材料本身发生变化；

(2) 黏度低、渗透性好，能够深层渗透，能将风化层和非风化层连接起来；

(3) 能有效提高文物的强度；

(4) 不堵塞文物孔隙，不改变其透气性；

(5) 具有良好的耐老化性能；

(6) 具有可逆性和再处理性。

根据国内外众多有关加固材料的研究，结合陶质彩绘文物材料的特点，以及今后其保存环境，选取丙烯酸树脂作为加固材料。丙烯酸树脂能溶于多种有机溶剂，溶剂挥发后成膜从而起到加固作用，是目前在文物保护中应用最广的一种加固剂。

对所选取的加固剂，在对器物胎体及彩绘层进行加固前，选择不同浓度的加固剂进行对比试验，通过测试加固前后色度值，对比颜色变化情况以及加固效果，选择适合的浓度。采用柯尼卡美能达 CM-700d 分光测色计进行检测，综合考虑色度变化以及加固强度，结果显示 3%的丙烯酸树脂作为加固剂效果较好，既没有太大的色差，又有一定的加固强度。丙烯酸树脂不溶于水，对于胎质疏松的陶器内壁加固及断面封护具有良好的效果，因此实际操作中用 1.5%的丙烯酸树脂加固陶器彩绘，3%的丙烯酸树脂加固内壁及封护断面。根据陶质彩绘文物形式及保存状况，可采用喷涂、点涂、包裹敷浸等方式进行加固。

四、拼对、粘接、补配

陶质彩绘文物由于其本身质地及埋藏等原因，出土时绝大部分都已残损、破碎，只有对其进行拼对、粘接、补配处理，才能更利于对其进行研究、展览及保管。

(一) 拼对

拼对环节是整个保护修复工作的前奏，拼对要根据器壁的厚薄、器物的形状、器表纹饰的走向等确定。

（二）粘接

粘接剂的选择，直接关系到修复效果与文物的安全性能。筛选粘接剂时，首先考虑粘接剂的老化性能、陶胎本体的强度，即粘接剂自身的强度应等于或小于陶质彩绘文物本体的强度；其次是粘接剂自身的理化性能。对于粘接剂的选择及粘接剂的工艺，国内外已经进行了大量研究。通过对比分析国内外市场出现的粘接剂，结合这批陶质彩绘文物的病害程度及自身强度和保存环境，选用丙烯酸树脂（Paraloid B-72）或509环氧树脂胶、聚乙烯醇缩丁醛作为粘接剂。根据这三种粘接剂的性能特点，最终选取聚乙烯醇缩丁醛作为质地疏松的陶器的粘接剂，509环氧树脂胶作为质地坚硬的陶器的粘接剂，Paraloid B-72作为断面处理的隔离剂。

器物在进行粘接前应先对断面进行处理，目的在于：一方面对残断面进行渗透加固，另一方面对粘接剂与粘接面进行隔离，便于以后需要时再打开残断面。器物在粘接前，应先清理碴口，用棉签蘸取适量的乙醇擦洗粘接面，使粘接面保持清洁，以保证粘接效果达到最佳。处理残断面时，注意涂刷的试剂应尽量薄，若涂刷的厚度较厚会影响粘接的效果，致使陶片对接处的缝隙较宽。待残断面试剂固化后，使用粘接剂粘接陶片，可根据文物的实际情况施加一定外力使粘接效果达到最佳。具体做法是，清洗干净的碴口时，先用3%的Paraloid B-72乙酸乙酯溶液涂刷碴口作为可再处理层，以符合文物可再处理性的原则。待可再处理层完全干燥后，选择适合该陶器的粘接剂，涂施一层薄薄的粘接剂，要涂抹均匀。粘接时，在碴口两边预先粘接纸胶带，防止粘接剂溢出后污染彩陶表面。

（三）补配

补配可视器物的残缺程度而定，在有依据的情况下进行。出于对文物陈列展示及科学研究的需要，在有依据的前提下，方可对部分陶器的局部区域进行适当的补配。破损器物的补配应依据其残存部位的形状或参考同时期同类型器物，将其对应缺损部位恢复原状，保留和延续文物的历史、艺术等价值。补配要在充分调查历史资料的基础上进行，在形式上不可有超出原状的创意和创新，不应改变文物现存原始部分的状态。

补配包括完全补配与不完全补配，在实际修复过程中还需根据实际需要以确定补配的标准。完全补配，依据展览的要求，即根据修复好的器物在展出过程中是否需要呈现出完整的效果，确定是否需要完全补配；不完全补配，对于影响器物成形后稳定性的部分进行补配，而其余残缺的部分可不进行补配(对于没有参考物的器物不赞成对其进行完全补配，因为现在已无法知道其原始性状，失去真实性就是在创造)。根据此标准，对荆州博物馆馆藏的140件(套)陶质彩绘文物中残缺可补配的器物进行补配，并对器物进行作色处理。

在对器物进行补配时，从静态和美学上考虑，补配材料必须具有可再处理性、可识别性和兼容性。为达到可识别性要求，材料及形式要接近文物，外观上协调但有所差别，做到“远看一致、近观有别”，避免产生“历史的赝品”。补配修复使用的材料不能对文物带来损害，不能对以后的操作制造障碍，应便于去除和重新处理。

陶质彩绘文物补配时，应视被修复器物的质地及其强度情况选择相应的补配材料，补配材料的机械强度应与原器物的胎体强度大体相当。用于补配的材料，一般应在常温下便于成形，经过一定时间能完全凝固或固化而不变形。荆州博物馆这批陶质彩绘文物的补配材料选用陶粉、石膏的混合物。针对器物缺口较小的部位，将蜡片固定在缺口内侧，在缺口外侧用雕塑泥做出围界，以便控制补缺材料的流动范围。针对器物缺口较大的部位，用雕塑工具塑形后，将509环氧树脂胶加陶粉调制的混合物倒入模具中，待其完全固化后打磨修整。修整成形后，用3%的乙酸乙酯溶液对断面进行涂刷，作为可再处理层，然后将补缺部位与器物主体进行粘接。根据需要，补配材料可依据器物胎体色质加入适量颜料，以使补配部位色质同原器物胎体色质相近。补配部位在补配材料凝固或固化后，须打磨平整，使其与原器物本体表面一致。

五、保护修复资料整理归档

归档的目的是保存文物所有的已知保护修复信息，具有重要的保存价值，可为以后查证提供便利，为文物保护修复工作的业务发展和科研提供珍贵的物质基础。保护修复资料应与文物一一对应，共同构成统一的有机整体。一般器物进行保护修复后所生成的资料应包括藏品保护修复档案、器物保护修复记录、器物线图、器物保存信息图、修复前后照片、采样记录表、检测分析数据等，这些资料贯穿于器物保护修复的整个过程。

文物保护修复过程中的记录用语应规范化，如对文物某一部位应采用相同的规范用语。

（1）建立藏品保护修复档案：陶器保护修复完成后须填写“藏品保护修复档案”，每件器物都对应一份藏品保护修复档案，档案的填写是对器物保护修复过程的总结，便于以后开展工作时有据可依。藏品保护修复档案具体填写以下内容：文物整体描述、病害描述及文物病害绘制[具体标准参照《陶质彩绘文物病害与图示》（WW/T 0021—2010）]；器物修复后的重量及尺寸、器物表面装饰彩绘情况、出土坐标及编号；出土时所处的保存环境、照片资料；器物在此次修复前保存情况，如完残情况、主要病变等；所进行的科学分析与检测数据、修复方案、修复技术、修复工艺讨论；此次保护修复工作所采用的工艺是否还有值得商榷之处；使用和保管建议；修复后文物状况；收录此次保护修复所涉及的资料，将其作为附录，便于以后查找。

（2）建立器物保护修复记录：器物保护修复记录是一件文物在保护修复过程中产生的所有资料，即修复人员的修复日志。器物保护修复记录内容应具有科学性、准确性、完整性、严谨性，对每一件文物应建立一份器物保护修复记录，为之后藏品保护修复档案的建立和完善提供信息，是保护修复方面的基本资料。

器物保护修复记录要以文物为核心，从接收器物时就开始记录，内容包括器物保护修复前所需收集的所有信息，确定的修复方案以及器物保护修复的全过程。记录内容要翔实，客观记录整个保护修复流程中所发现的问题，及每一保护修复阶段的总结和研究成果等。总之，器物保护修复记录应囊括器物在整个保护修复过程中形成的所有相关资料。

第七节　保护修复重难点及其处理

由于这批陶质彩绘文物大部分为荆州博物馆馆藏的三级文物，具有重要的文物价值，待其修复后可用于陈列展览，因此，对其修复要求较高。一方面，据统计存在残缺、破损病害的器物有 114 件(套)，存在大量的拼对和粘接修复工作；另一方面，存在剥落等病害的器物有 112 件(套)，存在大量彩绘加固保护和酥粉陶的加固封护工作。

一、拼对和粘接处理

(一) 拼对处理

针对大量的拼对工作，主要采取“相近互配法”原则，将编号相邻或相近的陶器残片十个一组进行互配，拼完后将多出的碎片单独挑出来，再与后面相邻的十个进行互配，直至全部找着下落。这种速配法的最大特点是可节省拼对的时间，提高工作效率。

(二) 粘接处理

粘接前首先要去除粘接面上的尘土及污垢，以保证粘接效果。在粘接过程中，应使粘接剂均匀地涂抹在断面上，使胶料完全溶入断面，粘接剂必须呈液态，这样可使缝隙处完全黏合，达到理想的粘接强度。如果粘接剂涂抹不均，会产生气泡，使粘接强度下降。粘接时，在断缝两边预先粘贴纸胶带，防止粘接剂溢出后污染陶质彩绘文物表面。

二、彩绘的加固保护和酥粉陶的加固封护

（一）彩绘的加固保护

彩绘的加固保护须在器物表面泥土清除且干燥后实施，筛选合适的加固剂对器物表面彩绘进行加固处理。根据彩绘形式及保存状况，采用喷涂、点涂、敷浸等保护工艺。

（1）喷涂：适用于较大面积彩绘的保护处理。要求选用雾化效果好的小型喷雾器，喷距适当、用力适当，不要正对文物表面喷涂，喷量适当，以表面刚好形成薄薄的膜为宜，尽量避免加固剂流淌。

（2）点涂：适用于颜料较厚、颜料颗粒较细且易掉粉等彩绘的保护处理。选用毛质较软的小毛笔，用毛笔蘸水点湿彩绘，待水逐渐吸干时，先从残存彩绘边缘点涂加固剂，待加固剂不再渗入时，再点涂彩绘表面。这样，水吸收时所产生的毛细吸力会使加固剂更好地渗入彩绘，同时也可以消除点涂在彩绘表面留下的痕迹。

（3）敷浸：在清理和加固过程中，先使陶体充分湿润，然后用医用脱脂棉浸润加固剂，覆盖其表面，二者之间用湿润的纸巾（湿润程度为手轻轻捏攥不出液滴为佳）作为隔离层。

（二）酥粉陶的加固封护

进行酥粉陶的加固封护操作时，应通过酥粉陶内部结构疏密状况确定加固剂及加固方法。加固前先进行预处理，目的是清除陶器表面的灰尘和部分内部水。具体做法是先用水清洗陶器并晾干，再用乙醇或丙酮清洗，然后以自然干燥的方式完全脱去内部的水分。需要注意的是，酥粉陶质地较为疏松，吸水率较大、孔隙率较大，一般采用整体浸泡和减压渗透方法进行整体加固，同时应协同考虑彩绘加固和粘接材料的适配性。

第八节　部分陶质彩绘文物保护修复前后对比

荆州博物馆这批陶质彩绘文物中部分器物保护修复前后对比详见表 2-8。

表 2-8　部分陶质彩绘文物保护修复前后对比

序号	器物名称	藏品编号	保护修复前照片	保护修复后照片
1	彩绘菱形纹虺龙纹陶缶	5:14286		
2	彩绘菱形纹陶罍	5:8045		
3	彩绘菱形纹陶簠	5:8822		

续表 2-8

序号	器物名称	藏品编号	保护修复前照片	保护修复后照片
4	彩绘菱形纹陶敦	5:14513		
5	彩绘菱形纹陶敦	雨台 M438		
6	彩绘菱形纹虺龙纹陶缶	红光砖瓦厂 M40		
7	彩绘菱形纹虺龙纹陶缶	5:12465		

续表 2-8

序号	器物名称	藏品编号	保护修复前照片	保护修复后照片
8	彩绘菱形纹虺龙纹陶缶	5:14475		
9	彩绘卷云纹陶鼎	5:14624		
10	彩绘菱形纹陶壶	5:8424		

第三章
荆州博物馆瓷器文物保护修复措施

第一节　项目概述

荆州博物馆组织过两次瓷器文物保护修复工作。2015年荆州博物馆对馆藏瓷器文物进行整理，委托南京博物院编制“荆州博物馆馆藏瓷器保护修复方案”，该方案于2015年4月获得国家文物局批准（文物博函〔2015〕1563号）（图3-1），年底经费下达。该项目于2016年启动，其间先后召开三次专家咨询会（图3-2），2020年修复完毕。该项目对荆州博物馆馆藏的135件（套）瓷器文物进行保护与修复，使得这批文物达到稳定性、牢固性和可持续修复的要求，可长期保存和陈列展览。

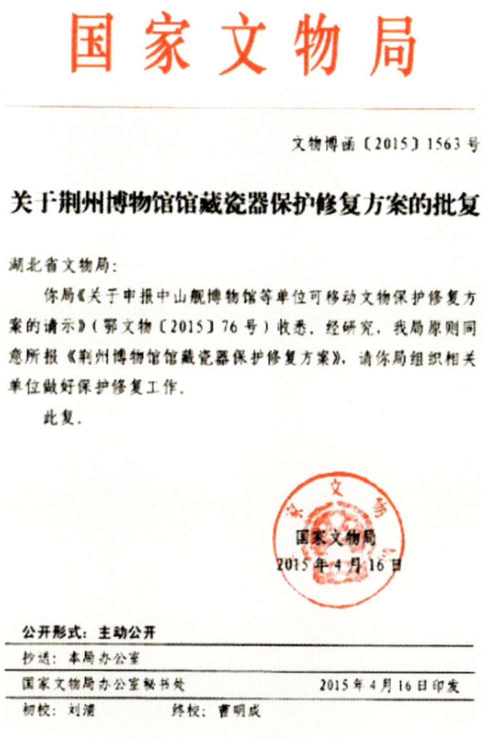
国家文物局

文物博函〔2015〕1563号

关于荆州博物馆馆藏瓷器保护修复方案的批复

湖北省文物局：

你局《关于申报中山舰博物馆等单位可移动文物保护修复方案的请示》（鄂文物〔2015〕76号）收悉。经研究，我局原则同意所报《荆州博物馆馆藏瓷器保护修复方案》，请你局组织相关单位做好保护修复工作。

此复。

国家文物局
2015年4月16日

公开形式：主动公开

抄送：本局办公室

国家文物局办公室秘书处　　2015年4月16日印发

初校：刘瀍　　终校：曹明成

图3-1　关于荆州博物馆馆藏瓷器保护修复方案的批复

为了进一步保护瓷器藏品并提高其利用率，荆州博物馆于2019年2月在征询专家意见后，从馆藏文物中筛选出103件（套）破损瓷器，委托湖北省文物交流信息中心编制“荆州博物馆馆藏瓷器保护修复方案（二）”。该方案于2019年10月15日获得湖北省文化和旅游厅（鄂文旅函〔2019〕313号）批复同意，预算项目资金172万元。后湖北省文化和旅游厅博物馆与社会文物处

图 3-2　项目评审专家咨询会

将此方案项目资金调整为 50 万元。针对经费减少的实际情况，为了保证项目的高质量实施，荆州博物馆秉承定级文物优先修复、工艺和艺术价值较高的文物优先修复、破碎未粘接文物优先修复三个原则，从原方案 103 件(套)瓷器文物中挑选出 45 件(套)，委托湖北省文物交流信息中心对这 45 件(套)瓷器文物实施保护修复。

第二节　现状调查

一、基本信息

荆州博物馆这两批保护修复的瓷器文物共计 180 件(套)，这两批瓷器文物在年代上跨度较大，如图 3-3 所示，以明清时期为主，其次为魏晋南北朝、唐、宋及中华民国时期，少量为东汉和元代。其中东汉时期藏品 1 件(套)，占比 0.56%；魏晋南北朝时期藏品 25 件(套)，占比 13.89%；唐代藏品 16 件(套)，占比 8.89%；宋代藏品 20 件(套)，占比 11.11%；元代藏品 4 件(套)，占比 2.22%；明代藏品 31 件(套)，占比

17.22%；清代藏品 72 件(套)，占比 40.00%；中华民国时期藏品 11 件(套)，占比 6.11%。

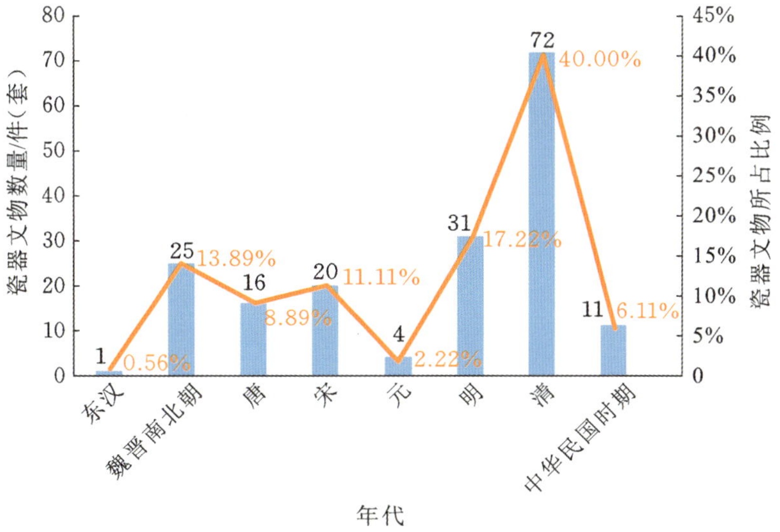

图 3-3　荆州博物馆这两批保护修复瓷器文物年代分布图

荆州博物馆这两批保护修复的瓷器文物价值较高，多数为定级文物，如图 3-4 所示，3 件(套)为二级文物，占比 1.67%；150 件(套)为三级文物，占比 83.33%；14 件(套)为一般文物，占比 7.78%；另有 13 件(套)为未定级文物，占比 7.22%。

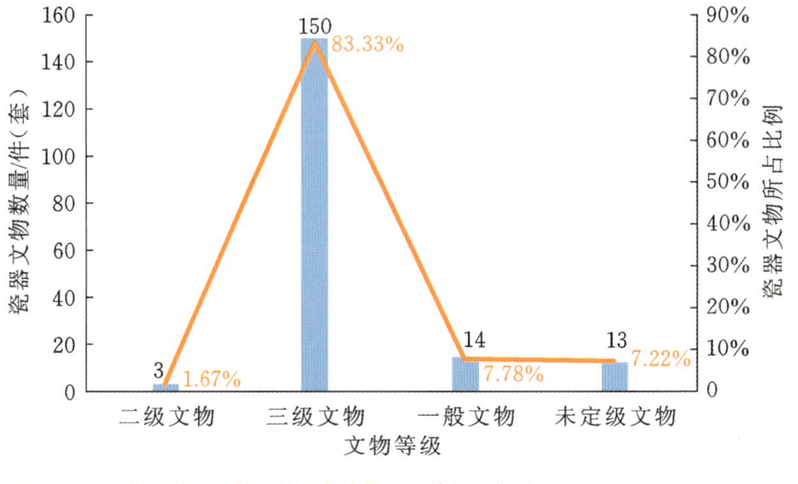

图 3-4　荆州博物馆这两批保护修复瓷器文物等级分布图

荆州博物馆这两批保护修复的瓷器文物种类丰富，以碗、罐、瓶类器物为主体，如图 3-5 所示，180 件器物中有 64 件(套)碗，占比 35.56%；33 件(套)罐，占比 18.33%；27 件(套)瓶，占比 15.00%；11 件(套)杯，占比 6.11%；9 件(套)壶，占比 5.00%；7 件(套)盘，占比 3.89%；7 件(套)碟，占比 3.89%；另有瓷俑、瓷盒、香炉、蜡台、瓷灯、烟具等器物 22 件(套)，占比 12.22%。

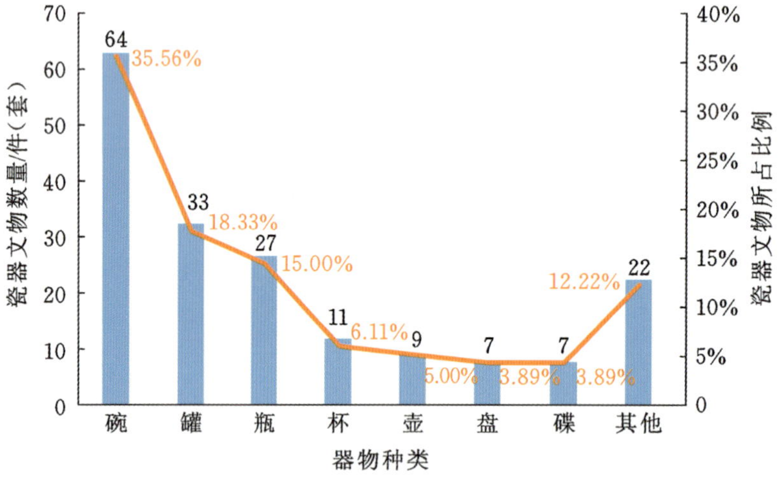

图 3-5　荆州博物馆这两批保护修复瓷器文物种类分布图

二、病害情况

荆州博物馆这两批保护修复的 180 件(套)瓷器文物来源主要包括考古发掘与征集，由于出土环境和后期保存环境的影响，它们都存在不同程度、不同种类的病害，主要有冲口(冲线)、裂缝、破碎、缺损、伤釉、附着物，以及粘接错位，修复材料老化等病害。

(一) 冲口(冲线)、裂缝

因受到外力挤压，造成长短不等、穿透胎的纹路、缝隙(图 3-6)。

图 3-6　存在冲口(冲线)、裂缝的瓷器

(二) 破碎

因受到外力挤压，造成器物破碎，但没有缺失(图 3-7)。

(三) 缺损

因在埋藏环境中受到外力挤压，造成器物出现缺损(图 3-8)。

图 3-7　破碎的瓷器

图 3-8　缺损的瓷器

图 3-9　存在伤釉病害的瓷器

（四）伤釉

因器物本身胎釉结合情况较差，又受环境中生物、化学侵蚀，器身釉面形成大面积脱落（图 3-9）。

（五）附着物

受埋藏环境影响，出土器物表面会黏附外来物质，若不清理干净，它们将影响器物外观甚至破坏器物胎釉结构稳定性(图 3-10)。

（六）粘接错位，修复材料老化

器物在出土时进行的临时修复，往往粘接错位严重，存放时间久后出现修复材料老化现象(图 3-11)。

图 3-10　存在附着物的破损器物

图 3-11　粘接错位且修复材料老化的瓷器

第三节　检测分析

荆州博物馆这两批保护修复的瓷器文物年代跨度较大，均存在不同程度的附着物，胎釉的致密程度也不尽相同，需要进行具有针对性的检测分析，为后续保护修复措施提供具体的科学依据。

荆州博物馆这两批保护修复的瓷器文物进行的检测分析，主要包括超景深显微分析、X射线衍射(XRD)检测分析、偏光显微分析、便携式显微镜观察、X射线荧光光谱(XRF)检测分析、傅里叶红外光谱检测分析、拉曼光谱检测分析，以及离子色谱检测分析等。

一、超景深显微分析

(1) 检测对象：选取清代红釉瓶(2:714)、明代白釉碟(5:2938)、清代青花缠枝凤纹盖罐(2:4454)共计3件(套)样品。

(2) 检测仪器：基恩士(KEYENCE)VHX-2000C型超景深视频显微镜。

(3) 检测目的：利用超景深视频显微镜观察样品釉层及胎体情况。

(4) 检测结果：详见表3-1。

表 3-1　样品超景深显微分析结果

器物编号	器物名称	检测部位	样品分析图	检测结果及分析
2:714	红釉瓶	祭红口沿	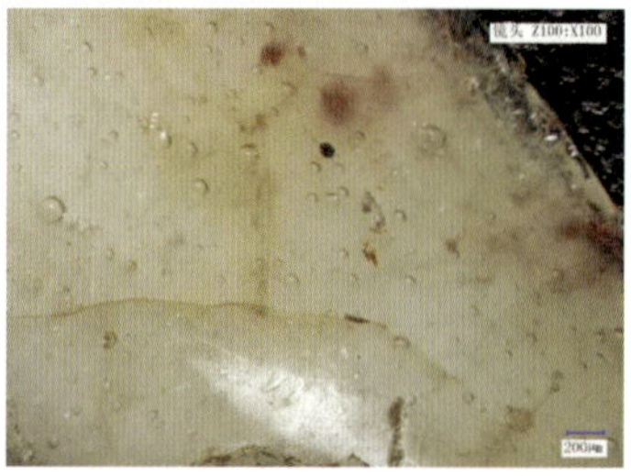	样品胎体为白色，表面有透明釉，釉面有裂纹、气泡，釉下层有红色斑点。因釉层表面未见不平整及破裂现象，推测裂纹可能是烧制过程中由于釉料的收缩率高于坯体形成的。红色斑点可能是窑炉气氛或有意加入着色元素引起的
5:2938	白釉碟	口沿		样品表面有透明釉，釉面光滑平整，釉层厚度约 100 μm，胎体为白色，由此推测，样品胎体原料中含杂色物质较少
2:4454	青花缠枝凤纹盖罐	腹部	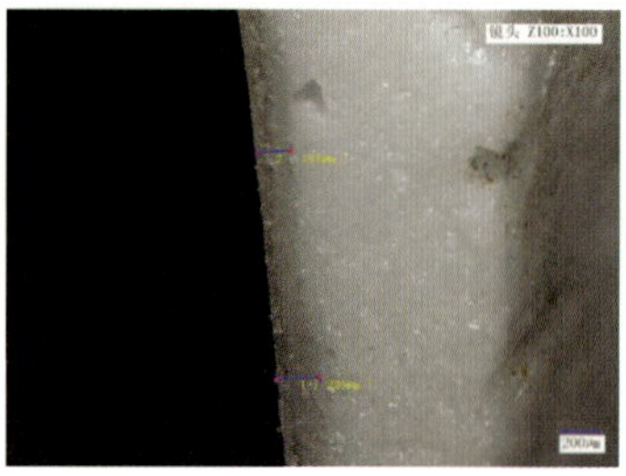	样品胎体为白色，表面有透明釉，釉面光滑平整，釉层厚度约 230 μm，且截面有较大孔隙，由此可见胎体吸水性较强

二、X 射线衍射(XRD)检测分析

(1) 检测对象：选取清代红釉瓶(2:714)、明代白釉碟(5:2938)、清代青花缠枝凤纹盖罐(2:4454)共计 3 件(套)样品。

(2) 检测仪器：玛珂 MXPAHF 型 18kW 转靶 X 射线衍射仪，衍射角扫描范围为 10°～70°。

(3) 检测目的：利用 X 射线衍射仪检测样品釉层及胎体成分。

(4) 检测结果：详见表 3-2。

表 3-2 样品 XRD 检测分析结果

器物编号	器物名称	检测部位	样品 XRD 物相分析图	检测结果及分析
2:714	红釉瓶	祭红口沿	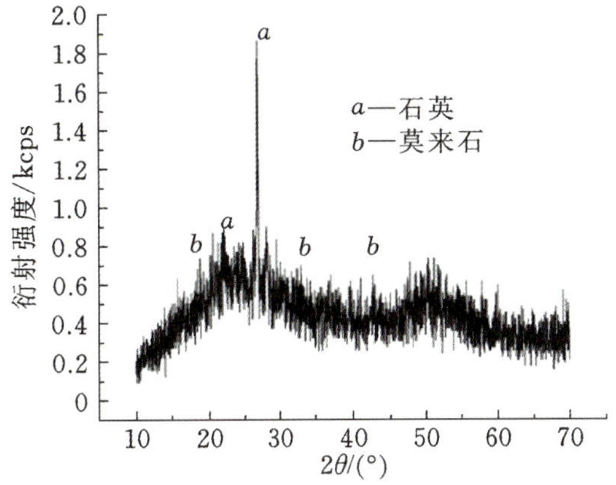	测得的衍射峰主要为石英、莫来石的特征峰，故推断该样品的主要成分为石英(SiO_2)、莫来石
5:2938	白釉碟	口沿	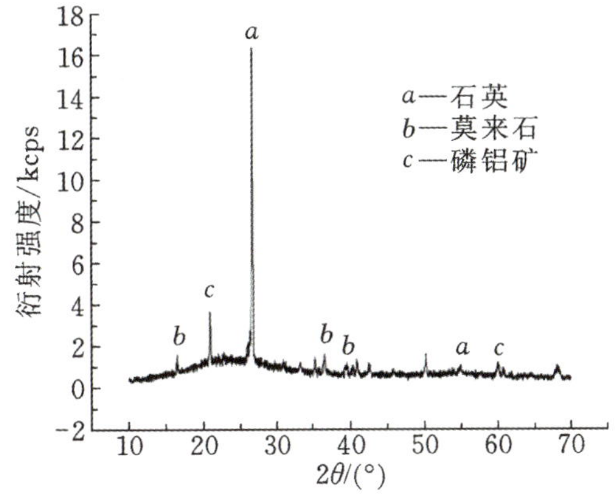	测得的衍射峰主要为石英、莫来石、磷铝矿的特征峰，故推断该样品的主要成分为石英(SiO_2)、莫来石、磷铝矿[$Al(PO_4)\cdot 2(H_2O)$]
2:4454	青花缠枝凤纹盖罐	腹部	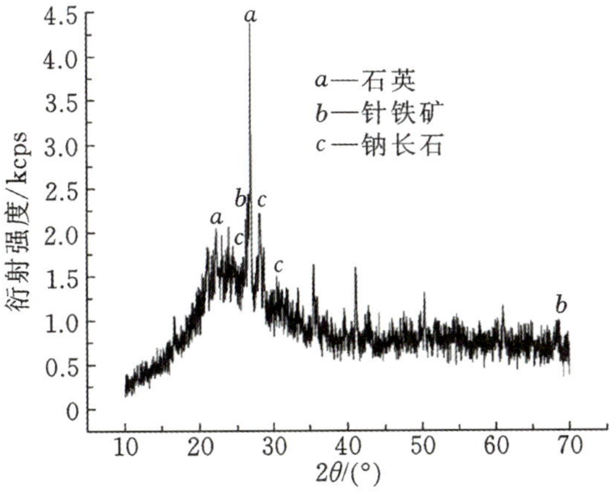	测得的衍射峰主要为石英、针铁矿、钠长石的特征峰，故推断该样品的主要成分是石英(SiO_2)、针铁矿[α-FeO(OH)]、钠长石($NaAlSi_3O_8$)

由XRD检测分析结果可知，本次检测样品中着色元素较少，样品中均含有石英。石英是非可塑性原料，其与黏土矿物在高温环境中生成的莫来石晶体使器物胎体具有较高的机械强度及化学稳定性，并且能增加坯体的透明度，与本次样品胎体为白色的特征相符。由于多数样品中含有莫来石，而莫来石有膨胀均匀、热震稳定性好、硬度大、抗化学腐蚀性好等特点，所以在修复过程中考虑使用固化后硬度较强的胶体进行修复处理。

三、偏光显微分析

（1）检测对象：选取清代青花缠枝莲纹将军盖罐(2:643)、清代青花釉里红鹿鹤同春纹盘口瓶(2:716)、宋代青白釉花口瓷碗(5:2988)、元代孔雀绿釉瓷盖罐(5:6637)、六朝青釉盘口壶(5:6669)、南北朝青釉四系罐(5:6675)，共计6件(套)样品。

（2）检测仪器：蔡司(ZEISS)Axio Scope A1型偏光显微镜。

（3）检测方法及样品处理：将样品截面磨至薄片并置于载玻片与盖玻片之间，使用偏光显微镜进行釉层厚度测量、釉面观察等，并对胎体中是否添加熟料等工艺做初步判断。

（4）检测结果：详见表3-3。

由偏光显微分析结果可知，本次检测的6件(套)瓷器样品中均发现有暗色未知物，可能为黏土矿物中的杂质成分，但是具体制作工艺、器物吸水性、胎体原料的结合性等差别较大。器物胎体中含有孔隙，可能是干燥过程中水蒸气蒸发或者胎体中有机物碳化引起的，由此可知该器物的吸水性。

表 3-3　样品偏光显微分析结果

<table>
<tr><th rowspan="2">器物编号</th><th rowspan="2">器物名称</th><th colspan="2">样品偏光显微分析图</th><th rowspan="2">检测结果及分析</th></tr>
<tr><th>正交偏光显微照片</th><th>单偏光显微照片</th></tr>
<tr><td>2:643</td><td>青花缠枝莲纹将军盖罐</td><td>
</td><td></td><td>该样品胎体颗粒大小均匀，未见孔隙，有暗色未知物，此外还发现熟料颗粒，直径约70 μm。熟料成分与瓷胎成分相同，属于脊性材料，支撑性好，防止高温变形，冷却后在胎体中起骨架作用。由此推测器物原料可塑性、干燥收缩性较好</td></tr>
<tr><td>2:716</td><td>青花釉里红鹿鹤同春纹盘口瓶</td><td>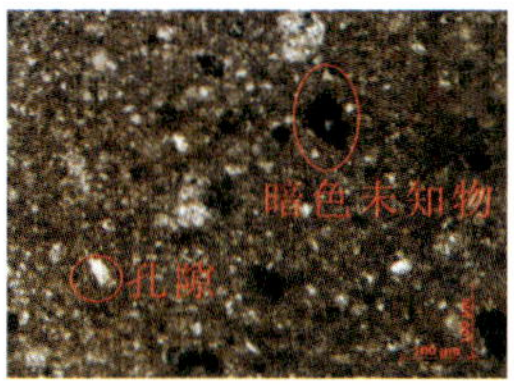
</td><td>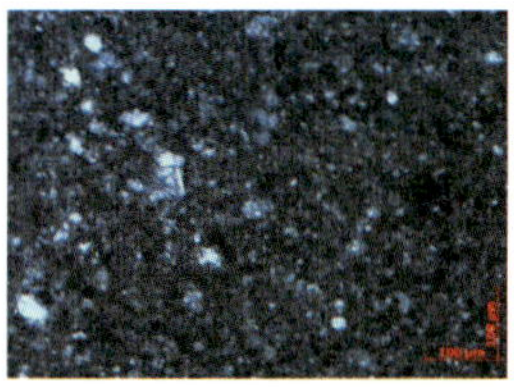</td><td>该样品有明显的胎体、化妆土层、釉层分界线。釉面平整，釉层厚约 390 μm，有大量气泡；胎釉之间的过渡层为化妆土层，厚约 10 μm；胎体中有暗色未知物及孔隙，未见熟料。由此推测胎体可能含着色物质较多、吸水性较强</td></tr>
<tr><td>5:2988</td><td>青白釉花口瓷碗</td><td>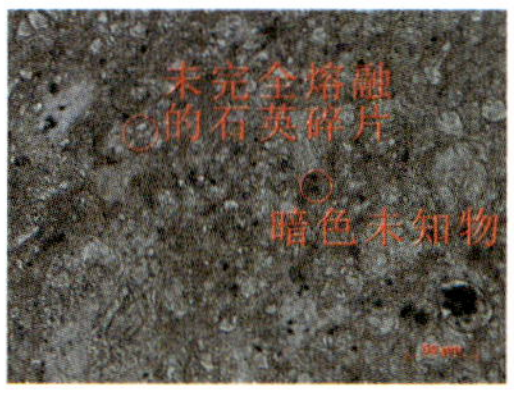
</td><td></td><td>该样品胎体中有未完全熔融的石英颗粒及暗色未知物质，未见熟料，推测器物原料结合性较好</td></tr>
<tr><td>5:6637</td><td>孔雀绿釉瓷盖罐</td><td>
</td><td>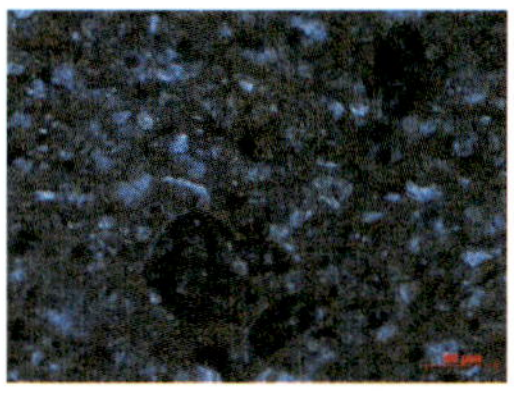</td><td rowspan="3">该样品胎体中有暗色未知物、熟料颗粒，熟料成分与瓷胎成分相同，属于脊性材料，有减黏作用，可降低坯料的黏性，防止高温变形，冷却后在胎体中起骨架作用，由此推测器物原料结合性较差</td></tr>
<tr><td>5:6669</td><td>青釉盘口壶</td><td>
</td><td></td></tr>
<tr><td>5:6675</td><td>青釉四系罐</td><td>
</td><td>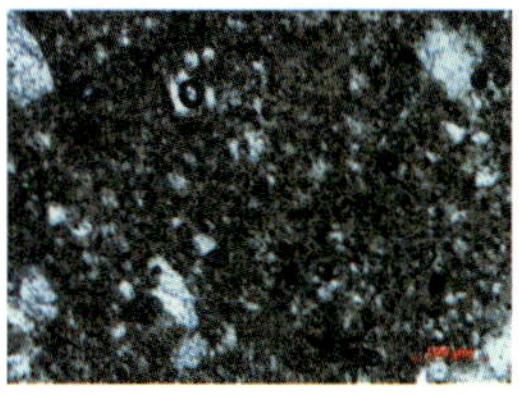</td></tr>
</table>

四、便携式显微镜观察

（1）检测对象：明代敞口圈足青瓷碗（东升超市采集）、唐代敞口假圈足青瓷碗（白马寺 M3：1）、宋代影青瓷高柄盏（白马寺 5：14759）等共计 13 件（套）样品。

（2）检测仪器：艾尼提（Anyty）401 型便携式显微镜。

（3）检测目的：根据器物断面的胎釉结合紧密程度以及釉面附着物的微观结构（选取代表性显微结构图片），更好地确定其附着物清除方式。

（4）检测结果与处理意见：详见表 3-4。

表 3-4　样品显微检测结果与处理意见

藏品编号	器物名称	显微结构图片	检测结果	处理意见
东升超市采集	敞口圈足青瓷碗		胎质疏松，釉层脱釉，胎釉结合紧密	采用化学清除法处理后，再用 Paraloid B-72 进行加固、封护
白马寺 M3：1	敞口假圈足青瓷碗		胎质疏松，釉层脱釉，胎釉结合不紧密	
白马寺 5：14759	影青瓷高柄盏		胎质疏松，釉层稳定，胎釉结合不紧密	采用化学清除法和物理清除法

续表3-4

藏品编号	器物名称	显微结构图片	检测结果	处理意见
黄山 M338:9	扁折腹圈足草叶纹灰胎青瓷罐	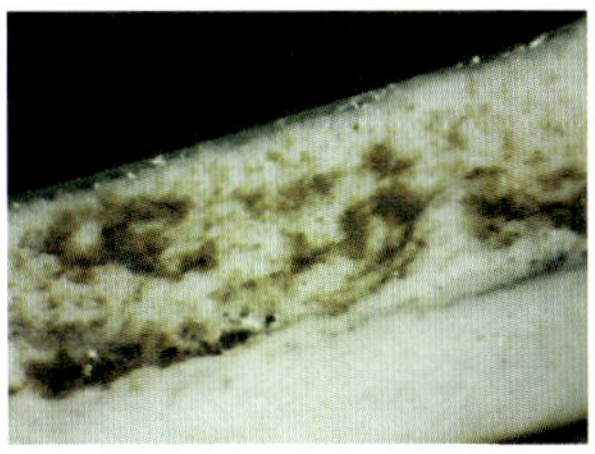	胎质疏松，釉层稳定，胎釉结合不紧密，土壤侵蚀已经深入胎体，可能存在土锈	采用化学清除法和物理清除法
2:1133	雍正款粉彩人物瓷套杯		胎质致密，釉层稳定，胎釉结合紧密，器物存在老化修复痕迹，胶体渗入胎体	
黄山 M338:5	弧腹平底灰胎酱黄釉水波纹瓷碗	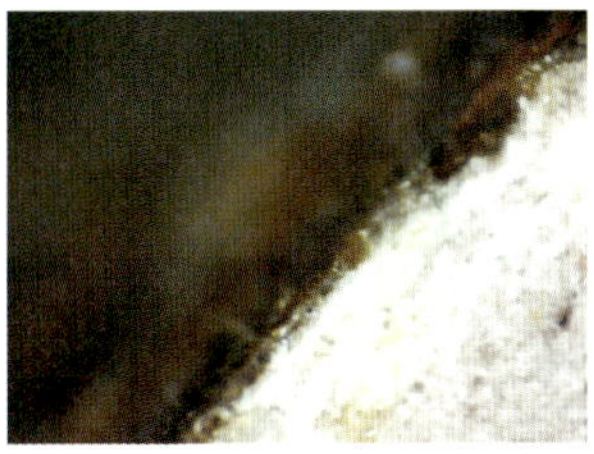	胎质疏松，釉层开片，胎釉间可能存在化妆土，胎体本身存在外部侵蚀	采用化学清除法处理后，再用 Paraloid B-72 进行加固、封护
2:757	白釉冰裂纹双耳兽足瓷香炉		胎质致密，釉层开片，胎釉结合不紧密，胎体存在一定程度的土壤侵蚀现象	
5:6598	青釉瓷杯	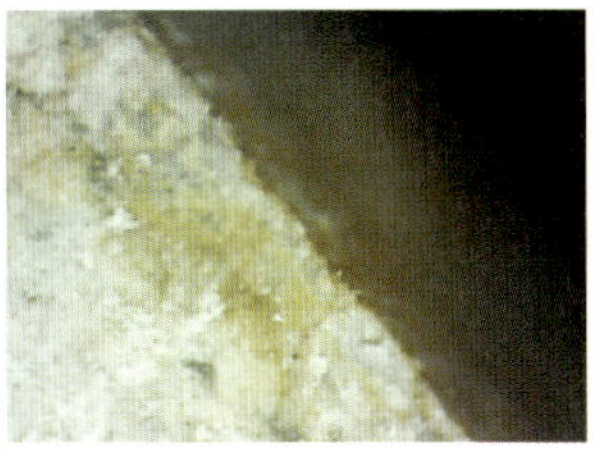	胎质疏松，釉层脱釉，胎釉结合不紧密	

续表3-4

藏品编号	器物名称	显微结构图片	检测结果	处理意见
高家濠 T2	敞口印花黄釉瓷碗		胎质疏松，釉层脱釉，胎釉结合不紧密	采用化学清除法处理后，再用Paraloid B-72进行加固、封护
罗家院子M3:8	站姿红胎绿釉陶鸭		胎质疏松，釉层开片，胎釉结合不紧密	
罗家院子M3:27	站姿绿胎绿釉陶鸭		胎质疏松，釉层开片，胎釉结合不紧密	
鲁家山M83:5	斜弧平底弦纹灰胎青瓷碗		胎质疏松，釉层开片，胎釉结合不紧密	
C1219	冰裂纹白瓷罐	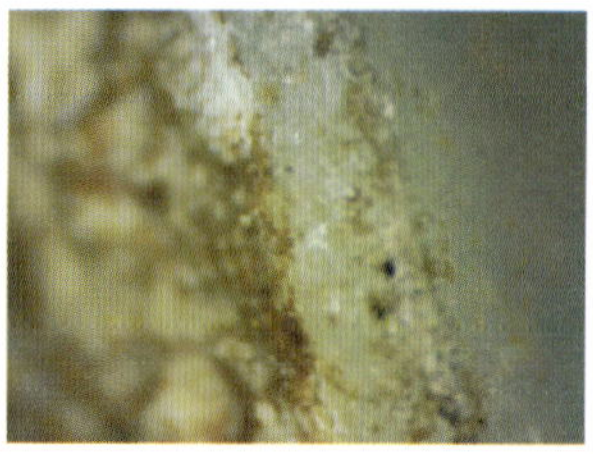	胎质致密，釉层开片，胎釉结合紧密	

五、X 射线荧光光谱(XRF)检测分析

使用 XRF 检测部分器物的胎、釉和附着物的成分，以确定其釉色组成以及是否含有可溶性盐，以确定适宜的清除方案。

(1) 检测对象：明代敞口圈足青瓷碗(东升超市采集)、唐代敞口假圈足青瓷碗(白马寺 M3:1)、宋代影青瓷高柄盏(白马寺 5:14759)等共计 12 件(套)样品。

(2) 检测仪器：尼通(Niton)XL3t 950 型 X 射线荧光光谱仪。

(3) 检测目的：了解器物的胎、釉和表面附着物的成分，以便确定其附着物清除方式。

(4) 检测结果与处理意见：详见表 3-5。

表 3-5　XRF 检测结果与处理意见

藏品编号	器物名称	釉色	检测结果	处理意见
东升超市采集	敞口圈足青瓷碗	青釉	钡、硅、铝、钾、铁等瓷器常见化学成分	需要对附着物取样，通过离子色谱检测，以进一步确定其成分
白马寺 M3:1	敞口假圈足青瓷碗	青釉	钡、硅、铝、钾、铁等瓷器常见化学成分	需要对附着物取样，通过离子色谱检测，以进一步确定其成分
白马寺 5:14759	影青瓷高柄盏	青釉	钡、硅、铝、硫、钾等瓷器常见化学成分	需要对附着物取样，通过离子色谱检测，以进一步确定其成分
黄山 M338:9	扁折腹圈足草叶纹灰胎青瓷罐	青釉	钡、硅、铝、钾、钙等瓷器常见化学成分	需要对附着物取样，通过离子色谱检测，以进一步确定其成分
2:1133	雍正款粉彩人物瓷套杯	白釉	钡、硅、铝、钾、钙等瓷器常见化学成分	需要对附着物取样，通过离子色谱检测，以进一步确定其成分

续表3-5

藏品编号	器物名称	釉色	检测结果	处理意见
黄山 M338:5	弧腹平底灰胎酱黄釉水波纹瓷碗	黄釉	钡、硅、铝、铁、钙等瓷器常见化学成分	需要对附着物取样，通过离子色谱检测，以进一步确定其成分
2:757	白釉冰裂纹双耳兽足瓷香炉	白釉	钡、硅、钙、铝、钾等瓷器常见化学成分	需要对附着物取样，通过离子色谱检测，以进一步确定其成分
5:6598	青釉瓷杯	青釉	钡、硅、铝、钙、铁等瓷器常见化学成分	需要对附着物取样，通过离子色谱检测，以进一步确定其成分
高家濠 T2	敞口印花黄釉瓷碗	黄釉	钡、硅、钙、硫、铝等瓷器常见化学成分	需要对附着物取样，通过离子色谱检测，以进一步确定其成分
C1219	冰裂纹白瓷罐	白釉	钡、硅、铝、钾、钙等瓷器常见化学成分	需要对附着物取样，通过离子色谱检测，以进一步确定其成分
罗家院子 M3:8	站姿红胎绿釉陶鸭	绿釉	铅、钡、硅、铝、铁等化学成分，部分点位铅含量超过60%	胎面附着铅析出物，尝试用物理清除法去除，如与器物结合较为紧密，建议采用化学试剂局部湿敷去除。由于胎面较脆，建议用3%的Paraloid B-72乙酸丁酯溶液进行加固、封护处理
罗家院子 M3:27	站姿绿胎绿釉陶鸭	绿釉	铅、钡、硅、铝、铁等化学成分，部分点位铅含量超过55%	胎面附着铅析出物，尝试用物理清除法去除，如与器物结合较为紧密，建议采用化学试剂局部湿敷去除。由于胎面较脆，建议用3%的Paraloid B-72乙酸丁酯溶液进行加固、封护处理

六、傅里叶红外光谱检测分析

这批需修复的文物中有2件(套)器物存在早期修复残留物，通过取样对其进行傅里叶红外光谱检测分析，以测定器物上附着的早期修复残留物成分，从而确定适宜的清除方案。

(1) 检测对象：明代白釉冰裂纹双耳兽足瓷香炉(2:757)、清代雍正款粉彩人物瓷套杯(2:1133)共计2件(套)样品。

(2) 检测仪器：赛默飞世尔科技(Thermo Fisher Scientific)Nicolet iS5型傅里叶红外光谱仪。

(3) 检测目的：了解器物早期修复残留物的成分，以便确定其早期修复残留物的清除方式。

(4) 检测结果与处理意见：详见表3-6。

表3-6　傅里叶红外光谱检测结果与处理意见

藏品编号	器物名称	检测结果	处理意见
2:757	白釉冰裂纹双耳兽足瓷香炉	脱蜡虫胶树脂	使用乙醇进行湿敷处理
2:1133	雍正款粉彩人物瓷套杯	聚乙酸乙烯酯	先用温水浸泡拆卸器物，而后用超声波清洗仪进行物理清除

七、拉曼光谱检测分析

由于部分瓷器存在难以用物理方法去除的表面附着物，还有部分器物内部存在一定的内装物成分，故可采用拉曼光谱仪进行检测分析，了解表面附着物的成分，以便确定其附着物清除方式。

(1) 检测对象：唐代敞口假圈足青瓷碗(白马寺 M3:1)。

(2) 检测仪器：堀场(HORIBA)LabRAM XploRA INV 型多功能拉曼及成像光谱仪。

(3) 检测目的：了解器物表面附着物的成分，以便确定其附着物清除方式。

(4) 检测结果与处理意见：检测数据详见表 3-7，由表 3-7 可知，红色区域 Fe 含量偏高，推测 Fe_2O_3 可能为致色元素。检测结果与处理意见详见表 3-8。

表 3-7　拉曼光谱检测数据

检测区域	元素含量/%						
	Fe	Si	Al	K	Ca	S	Ti
红色区域	4.137	37.199	6.469	1.499	0.400	0.098	0.471
偏白色区域	2.781	43.823	4.714	1.344	0.309	—	0.502

注：表中单元格内一字线“—”表示该元素的检测值小于最小可检测值。

表 3-8　拉曼光谱检测结果与处理意见

藏品编号	器物名称	检测结果	处理意见
白马寺 M3:1	敞口假圈足青瓷碗	泥土	用去离子水进行冲洗

八、离子色谱检测分析

由于部分瓷器存在难以用物理方法去除的表面附着物，还有部分器物内部存在一定的内装物成分，采用离子色谱仪进行检测分析，了解表面附着物的成分，以便确定其附着物清除方式。

（1）检测对象：唐代敞口假圈足青瓷碗（白马寺M3:1）、明代敞口圈足青瓷碗（东升超市采集）共计2件（套）样品。

（2）检测仪器：赛默飞世尔科技（Thermo Fisher Scientific）Dionex Aquion型离子色谱仪。

（3）检测目的：了解器物表面附着物的成分，以便确定其附着物清除方式。

（4）检测结果与处理意见：检测数据详见表3-9，检测结果与处理意见详见表3-10。

表3-9 离子色谱检测数据

藏品编号	器物名称	离子含量/(mg/L)			
		氟离子	氯离子	硝酸根离子	硫酸根离子
白马寺M3:1	敞口假圈足青瓷碗	—	0.14	0.17	0.20
东升超市采集	敞口圈足青瓷碗	—	0.11	0.36	0.57

表3-10 离子色谱检测结果与处理意见

藏品编号	器物名称	检测结果	处理意见
白马寺M3:1	敞口假圈足青瓷碗	存在可溶性盐	需进行脱盐处理
东升超市采集	敞口圈足青瓷碗	存在可溶性盐	需进行脱盐处理

第四节 价值评估

文物价值包括历史、科技、艺术等方面的价值，下面对荆州博物馆这两批保护修复的瓷器文物的主要文物价值进行梳理，以便在之后的陈列展览和活化利用中发挥更大作用。

一、历史价值

(一) 明代藩王历史

明代封藩制度是中国历史上十分重要的政治制度，对明代乃至之后中国的发展产生了深远的影响。荆州为明代藩王辽王的属地，明太祖朱元璋第十五子辽简王朱植于洪武十一年(公元 1378 年) 被封为卫王，洪武二十五年(公元 1392 年)改封辽王，就藩广宁州(今辽宁省北镇市)。永乐皇帝朱棣于永乐二年(公元 1404 年)下诏，将朱植徙落荆州。朱植卒于永乐二十二年(公元 1424 年)，洪熙元年(公元 1425 年)下葬于江陵八岭山，其家族墓地多次被盗。

根据明代早期的规定，藩王可以使用五爪龙纹饰的瓷器。荆州博物馆第二批保护修复的器物中有一件饰有五爪龙纹的明代青花云龙纹碗(图 3-12)，很可能是与辽王家族有关的文物。荆州博物馆这两批保护修复的瓷器文物中有出土于八岭山的器物：明代白釉罐(图 3-13)和明代青花如意云纹团花罐(图 3-14)，极可能也是与辽王家族有关的文物。这些器物对于研究辽王家族在荆州的生活历史和明代藩王制度都有十分重要的价值。

图 3-12　明代青花云龙纹碗

图 3-13　明代白釉罐

图 3-14　明代青花如意云纹团花罐

(二)将军罐用途变迁

将军罐，因宝珠顶盖(盖施宝珠钮)似古代将军所戴的宽帽檐笠式头盔而得名(图 3-15至图 3-29)。仅第一批修复的瓷器中就有 15 件(套)将军罐，且具有较高的研究价值。这 15 件(套)将军罐有青花、白釉、蓝釉等品种，青花制品中有云龙纹、缠枝莲纹、山水纹等丰富的纹饰，胎体坚硬、薄厚均匀，釉面光滑平整，能在一定程度上反映清代将军罐的工艺特征。

图 3-15　清代白釉将军盖罐(2：664)

图 3-16　清代蓝釉将军盖罐(2：660)

图 3-17　清代青花山水纹将军盖罐(2：676)

图 3-18　清代青花缠枝莲纹将军盖罐(2：662)

图 3-19　清代青花缠枝莲纹将军盖罐(2：691)

图 3-20　清代青花缠枝莲纹将军盖罐(2：645)

图 3-21　清代青花云龙纹将军盖罐(2：680)

图 3-22　清代青花云龙纹将军盖罐(2：652)

图 3-23　清代青花缠枝莲纹将军盖罐(2：643)

图 3-24　清代青花缠枝莲纹将军盖罐(F248)

图 3-25　清代青花人物松树将军盖罐(2：494)

图 3-26　清代青花山水人物将军盖罐(5：2277)

图 3-27　清代青花缠枝莲纹将军盖罐(5：2249)

图 3-28　清代青花缠枝莲纹将军盖罐(F249)

图 3-29　清代青花缠枝莲纹将军盖罐(F247)

在将军罐出现伊始，即明末清初之际，其多用作盛骨灰的丧器，此次修复的清早期将军罐中有数个底部存在穿透的圆孔(图 3-30)，这些圆孔皆为将军罐制作完成后人为凿穿，具有佛教“死者灵魂出窍去往极乐世界”的寓意。由此可知，这些将军罐具备原始丧器用途。另有一件将军罐底部的圆孔被其他材料封住(图 3 31)，显然是为了将此罐用来盛装液体，满足日常生活的需要。这个现象说明了将军罐用途的时代变迁，实际上从清康熙时期起，将军罐就有了多种用途，一度是主要的外销瓷品种，成为欧洲贵族家庭的装饰品。

图 3-30　将军罐底部圆孔

图 3-31　改变用途而被堵上的孔

（三）供奉文化

供奉瓷器，是信徒为求平安或前程向寺庙或道观供奉的器物。通常供奉瓷器有两种形式，第一种形式为定制瓷器，生活富足者去制瓷处，要求制瓷匠人将年份和本人姓名等信息用毛笔直接书写在其供奉的器物上，再入窑烧制；第二种形式则是在烧成器本体上直接刻字，留存供奉的相关信息。此次修复的清代青花人物大汤碗属于后者，该器物外壁刻有“江南徽州府休宁县者程数（约）谨，敞净水碗供架一副（永）远，携男程道德，太晖观供奉，康熙拾年正月上九日立”文字（图 3-32）。以上铭文可以反映出器物制作年代、用途和使用地点等信息，该器物可以作为研究供奉文化和清康熙早期民间青花瓷器特点的标准器物。

图 3-32　清代青花人物大汤碗整体及细部图

二、科学价值

（一）完整展现制瓷技术发展之路

荆州博物馆这两批保护修复瓷器文物的年代涵盖东汉至清代，完整呈现出中国古代瓷器制作工艺发展历史。中国瓷器从原始瓷器到成熟青瓷，又由青瓷发展到白瓷，再到彩瓷，将近两千年的历程，佐以修复前的科技检测分析，发现其同时期器物用料工艺方面的差异较大，可能和器物用途及制作工艺有关，且纵观相近年代的瓷器制作工艺，发现其具有一定的承袭关系，所以这批瓷器是反映制瓷技术发展之路的宝贵实物依据。

（二）将军罐盖制作工艺

通过观察这 15 件(套)将军罐发现，其盖钮下腹部有一绿豆大小的排气孔。查阅文献可知，排气孔的主要作用为保证空心钮的内部空气循环，确保宝珠钮入窑受高温作用时不致炸裂。

三、艺术价值

（一）全面展示瓷器装饰工艺和艺术特点

荆州博物馆这两批保护修复的瓷器文物，装饰手法包括单色釉、釉上彩、釉下彩及釉上釉下相结合的斗彩等，装饰手法多样，具有很高的艺术欣赏价值。

1. 单色釉

由于瓷釉内含不同化学成分，瓷器烧成后就呈现出不同的单一色泽，如青釉、红釉、黄釉、黑釉、绿釉、蓝釉和白釉等(图 3-33 至图 3-36)。

图 3-33　南朝黄釉瓷罐

图 3-34　南朝瓷罐

图 3-35　南朝蛋青釉瓷杯

图 3-36　清代红釉瓶

2. 釉上彩

釉上彩是瓷器的主要装饰技法之一，它是用各种彩料在已烧成的瓷器釉面上绘制各种纹饰，然后二次入窑，低温固化彩料而成，包括青花加彩、五彩、粉彩、素三彩、珐琅、浅绛彩等(图 3-37 至图 3-39)。

图 3-37　清代人物烟具

图 3-38　清代黄釉彩花瓶

图 3-39　中华民国时期白瓷彩绘盖杯

3. 釉下彩

釉下彩是一种瓷器装饰技法，是用色料在已成形晾干的素胎上绘制各种纹饰，再上透明釉一次烧成(图 3-40、图 3-41)。

图 3-40　清代青花花鸟松鹤盘口瓶

图 3-41　明代青花龙纹香炉

4. 斗彩

斗彩又称逗彩，是一种釉下彩(青花)与釉上彩相结合的装饰技法，创烧于明宣德年间，明成化时期的斗彩最受推崇。斗彩是预先在高温(1 300 ℃)下烧成的釉下青花瓷器上，用矿物颜料进行二次施彩，填补青花图案留下的空白，涂染青花轮廓线内的空间，然后再次入小窑经过低温(800 ℃)烘烤而成。斗彩瓷器(图 3-42)以其绚丽多彩的色调，形成一种符合大众审美情趣的装饰风格。

图 3-42　清代斗彩人物大汤碗

（二）纹饰精美

荆州博物馆这两批保护修复的瓷器文物中有不少纹饰精美的器物，如明代兰鱼瓷碗（图 3-43）、明代青花云龙纹碗（图 3-44）、清代寿山福海凤纹螭耳瓶（图 3-45）、清代青花山水人物将军盖罐（图 3-46）、清代三彩山水纹碗（图 3-47）。

图 3-43　明代兰鱼瓷碗

图 3-44　明代青花云龙纹碗

图 3-45　清代寿山福海凤纹螭耳瓶

图 3-46　清代青花山水人物将军盖罐

图 3-47　清代三彩山水纹碗

（三）造型生动

荆州博物馆这两批保护修复的瓷器文物中还有造型生动、艺术性突出的器物，如图 3-48 所示南北朝青瓷四系壶，龙和鸡首造型生动有趣。

图 3-48　南北朝青瓷四系壶

第五节 保护修复技术路线

根据器物实际情况及贯彻文物修复中的最小干预原则，存在裂缝、碎裂，但不缺损的器物只需进行清洗(拆卸)、粘接、加固、封护处理，不需要进行随色等后续处理；存在缺损的器物则需经过完整流程，以达到良好的修复及展示效果。

一、方案设计依据

- 《中华人民共和国文物保护法》(2017 年修正本)
- 《中华人民共和国文物保护法实施条例》(2017 年修订)
- 《馆藏文物保存环境质量检测技术规范》(WW/T 0016—2008)
- 《国家重点文物保护专项补助资金管理办法》(财教〔2013〕116 号)
- 《可移动文物病害评估技术规程　瓷器类文物》(WW/T 0057—2014)

参考的相关文件如下：

- 《陶质文物彩绘保护修复技术要求》(GB/T 30239—2013)
- 《陶质彩绘文物病害与图示》(WW/T 0021—2010)
- 《陶质彩绘文物保护修复方案编写规范》(WW/T 0022—2010)
- 《陶质彩绘文物保护修复档案记录规范》(WW/T 0023—2010)

二、技术路线

对荆州博物馆这两批瓷器文物进行保护修复时，主要采用的技术路线见图 3-49。

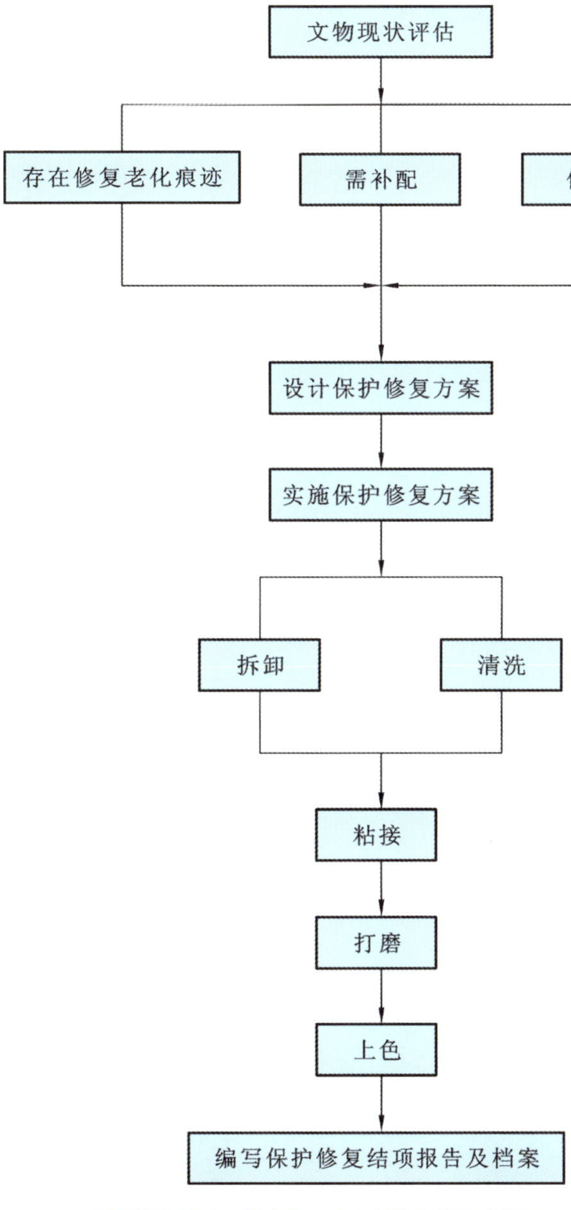

图 3-49　荆州博物馆这两批瓷器文物保护修复技术路线图

第六节　保护修复实施过程

一、清洗

清洗的目的是把需修复器物表面及断裂部位的各种附着物清理干净，为实施下一步工序创造条件。针对不同污垢，分物理清除法和化学清除法两种。

（一）物理清除法

主要工具：超声波清洗仪、电动刻笔刀(图 3-50)、毛刷(图 3-51)、手术刀。

工作要点：小型超声波清洗仪、电动刻笔刀、毛刷、手术刀等工具主要针对一些瓷器表面的附着物。

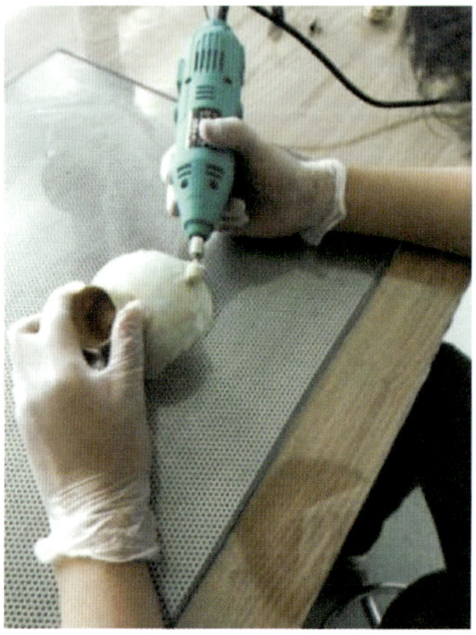

图 3-50　用电动刻笔刀清除器物表面附着物

图 3-51　用毛刷清除器物表面附着物

（二）化学清除法

主要材料：次氯酸钠、清水、高锰酸钾、草酸、无水乙醇、丙酮。

主要工具：棉签、保鲜膜、医用手套。

工作要点：在不破坏文物本体的前提下，尽可能将器物表面、断面附着物清除。

(1) 大部分器物用 3%的次氯酸钠溶液浸泡清洗即可；

(2) 缝隙与冲线中的附着物需单独去除(图 3-52)；

(3) 细节部位用棉签蘸取有机溶液擦除(图 3-53)，可清除各种杂质、油渍、老化胶体等。

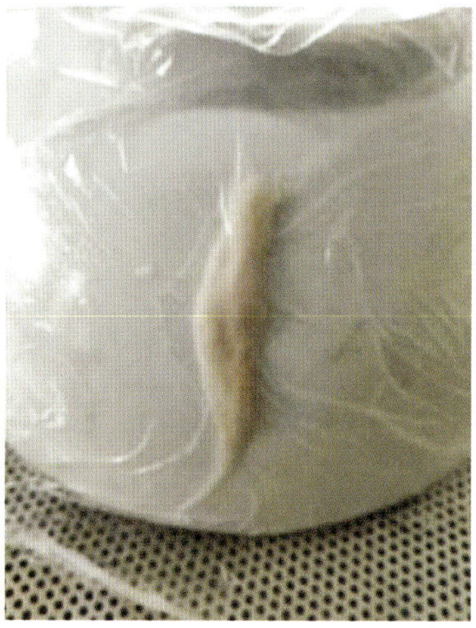

图 3-52　去除缝隙与冲线中的附着物

图 3-53　用棉签清理细节部位

二、加固

主要材料：Paraloid B-72。

主要工具：竹签。

工作要点：将 Paraloid B-72 均匀涂抹到需要加固的冲口、裂纹、裂缝、脱釉处等，进行渗透加固。

三、脱盐

荆州博物馆这两批保护修复的瓷器文物采用静置脱盐法脱盐。

主要材料：去离子水。

主要工具：防滑手套、脱盐池、水质检测 TDS 笔。

工作要点：脱盐结束的标准为脱盐池内水中 TDS(total dissolved solids，溶解性固体总量)值与当地自来水中 TDS 值相当。

器物脱盐步骤如下：

(1) 用去离子水浸泡器物，如脱盐时气温较低，则可采用冷热交替法对器物进行脱盐处理；

(2) 脱盐 24 小时后，测量水中 TDS 值并记录，而后更换脱盐池内去离子水，再重复上述步骤(1)；

(3) 重复上述步骤，直至脱盐池内水中 TDS 值与当地自来水中 TDS 值相当，脱盐周期一般在 5 周左右；

(4) 脱盐后将器物静置于通风处等待自然干燥或置于烘箱中低温烘干，以备开展后续工作。

四、粘接

主要材料：爱牢达 2020 环氧树脂胶。

主要工具：竹签、透明胶带、手术刀。

工作要点：器物粘接处应无明显落差，无残胶。将爱牢达 2020 环氧树脂胶涂抹在断面，而后用胶带临时固定(图 3-54)，待胶体完全固化后将胶带拆开，并用手术刀去除多余残胶。

图 3-54　粘接

五、补配

主要材料：509 环氧树脂胶、滑石粉。

主要工具：竹签、瓷板、医用打样膏(自由树脂)。

工作要点：补配部位基本形状、走势与原器物一致。

补配方法如下：

(1) 器物上宽缝隙、无胎装饰花纹的小残缺部位，可直接用补配材料填平补齐缺损部位(图 3-55)；

(2) 器物出现大面积缺损、立体部位缺损(如耳、足)、缺损部位形状复杂或压印有胎装饰纹饰，应采用翻范法进行修补。

六、打磨

主要工具：手术刀、刀片、雕刻刀、各类砂纸(木砂纸、耐水砂纸、金相砂纸)、砂条、电动角磨机。

工作要点：打磨部位在视觉、触感上均与原器物无明显差别。打磨时需注意，对于胎质疏松以及脱釉的器物，应控制打磨范围(图 3-56)。

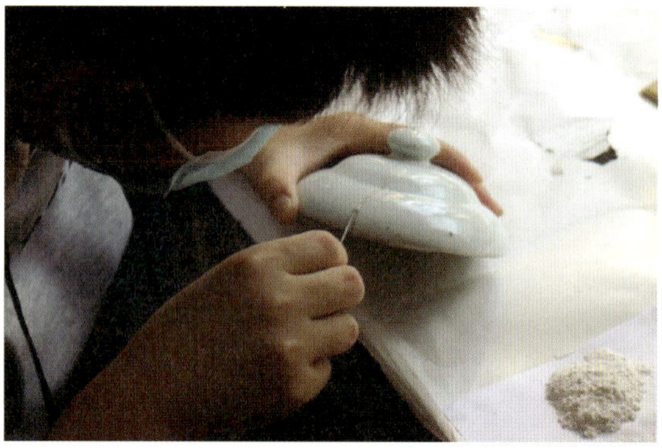

图 3-55　补配

图 3-56　打磨

七、打底

主要材料：聚氨酯漆、硝基漆。

主要工具：喷笔、毛笔、气泵、瓷板、鼓风机、小瓷杯。

工作要点：打底(图 3-57)是随色的基础，可进一步提高补配部位与周围完好面的结合度。

打底方法如下：

(1) 残缺面积小的器物采用笔涂法。

(2) 残缺面积大的器物采用喷涂法。

八、随色

主要材料：聚氨酯漆、硝基漆、矿物色粉。

主要工具：喷笔、毛笔、气泵、瓷板、鼓风机、小瓷杯。

工作要点：随色(图 3-58)应确保颜色、质感与原器物基本一致，可分为上底色、上釉色、画纹饰三个步骤，是瓷器修复中最难的一道工艺。

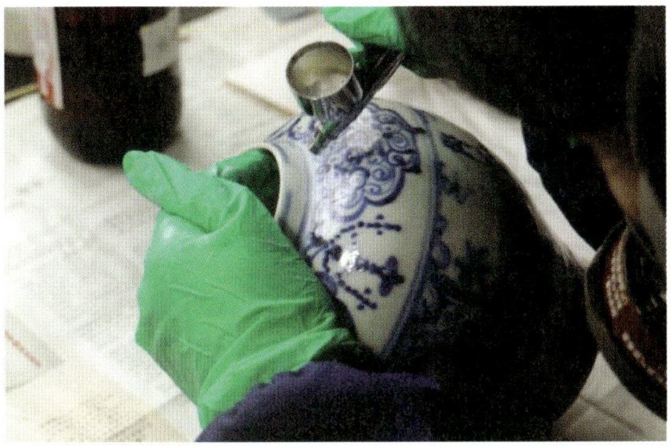
图 3-57　打底

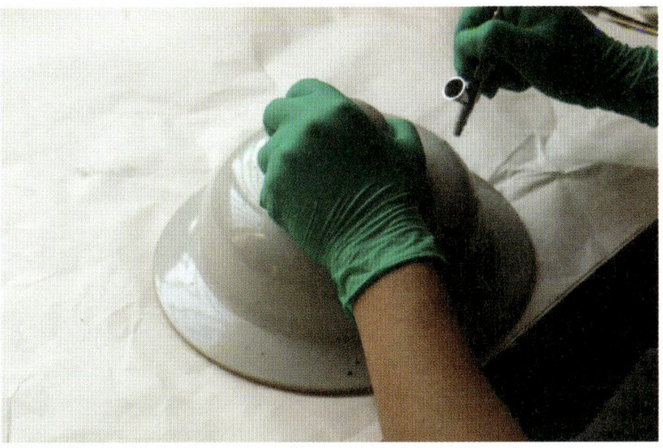
图 3-58　随色

这两批瓷器文物在随色过程中用到以下四种技法：

(1) 涂刷法：使用毛笔进行随色，是一种传统而又最普遍的随色方法。

(2) 喷涂法：使用喷笔进行随色，随色均匀、不留接痕、施工速度快、表现技法多样。

(3) 点染法：使用毛笔作出分布不均匀和形状不规则的色斑或色点的效果。

(4) 掸拨法：利用笔毛反掸作用把涂料液弹成雾状小点落于着色部位。

第七节　保护修复重难点及其处理

这两批瓷器文物为荆州博物馆的重要馆藏文物，具有重要的文物价值，待其保护修复完成后即用于研究和陈列展览，因此，对其保护修复要求较高。由于部分器物残损状况很严重，修复时需要格外小心；部分原先修复部分需要拆除后重新修复和作色，因此需注意修复部分与原始接触部位的连接状况，防止拆除过程中对器物造成伤害；部分器物出现整体贯穿性裂纹，在修复时需要注意器物的受力点，防止器物整体碎裂。瓷器修复费时、费力，修复人员需谨慎行事，要坚持文物安全第一的原则，可聘请瓷器修复专家进行技术指导，将文物修复至最好状态。

一、根据文物保存现状，采取有针对性的修复方式

针对文物破损情况及其价值，在荆州博物馆这两批瓷器文物保护修复过程中，主要采用了复原型和可识别型两种修复方式。

对于胎体坚硬致密、艺术价值较高、文物信息基本完整且残缺面积较小、结构部位较为单一、缺失造型和纹饰可根据器物完好部分的样式进行补全的器物，可采用复原型修复方式，使器物修复部位纹饰与本体续接，胎体面颜色、光滑程度和光泽度与本体一致，主要展示器物的艺术价值(图 3-59、图 3-60)。

图 3-59　明代圈足灰胎青花瓷碗修复前后对比

图 3-60　清代青花缠枝花卉纹瓷盖罐修复前后对比

对于胎体比较疏松脆弱、残缺面积较大、缺失造型或纹饰无法通过文物本身规律确定的器物，可采用可识别型修复方式。对器物修复区域的颜色进行可识别处理，在补配、修整完成后，根据器物本体的胎釉颜色进行“降一色”(底釉色系相近、色度降低)处理，这样既能区分出补配部分又能体现器物的完整性，同时凸显原件部位的真实性(图 3-61、图 3-62)。这样的修复方法，既为后续修复留有余地，也能更加凸显出器物本身的可读性，最大限度地提升文物展陈效果。

清代雍正款粉彩人物瓷套杯修复时，针对病害情况不同的瓷杯分别采用了可识别型修复和复原型修复。图 3-63 所示瓷杯，由于破损部位没有明确可参考依据的纹饰，故器物修复时做了可识别(留白)处理；图 3-64 所示瓷杯，因破损部位有明确可参考依据的纹饰，故器物修复时做了复原型处理。

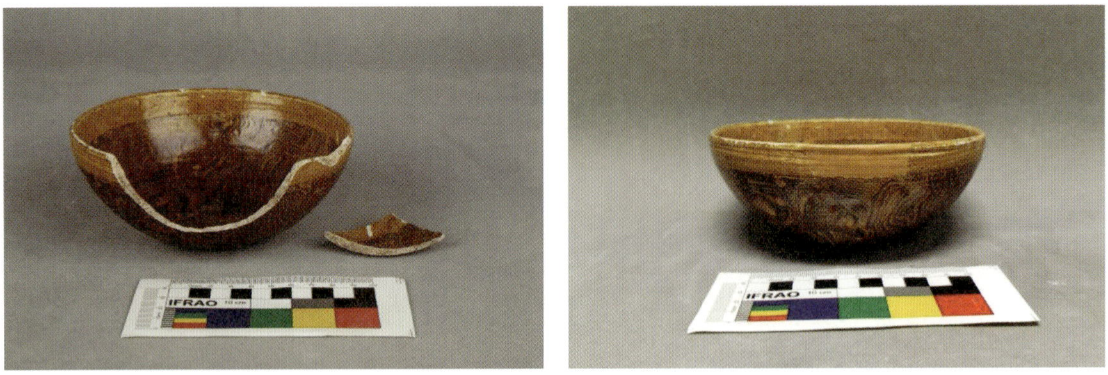

图 3-61　宋代弧腹平底灰胎酱黄釉水波纹瓷碗修复前后对比

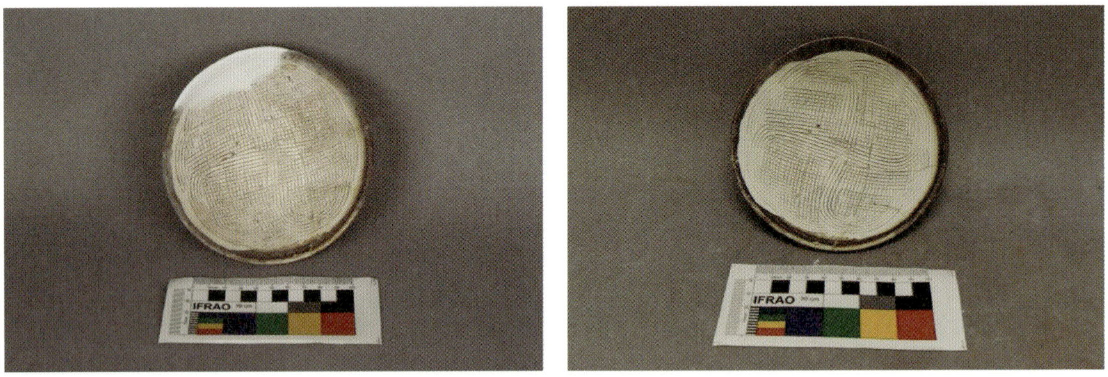

图 3-62　宋代圈足内刻方格弧线纹灰胎酱黄瓷碗修复前后对比

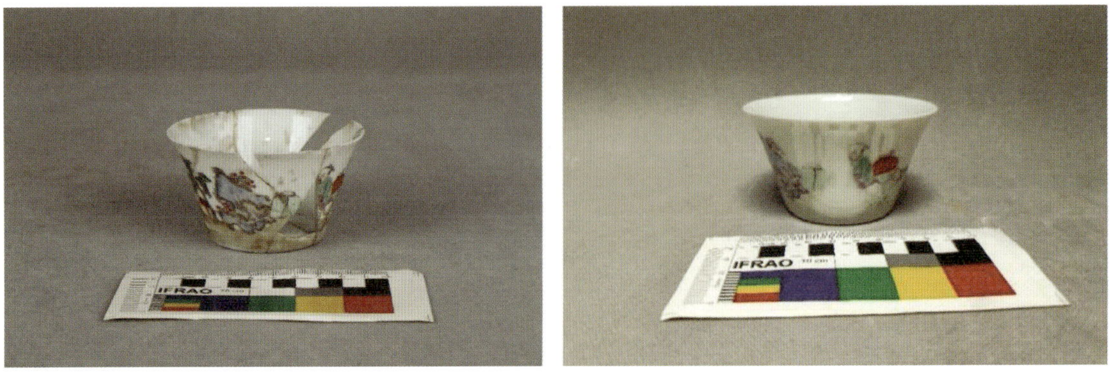

图 3-63　清代雍正款粉彩人物瓷杯(其一)修复前后对比

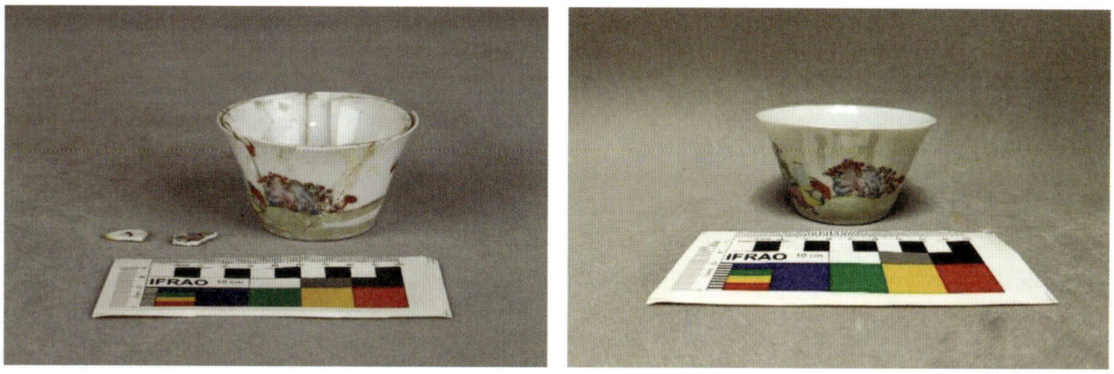

图 3-64　清代雍正款粉彩人物瓷杯(其二)修复前后对比

二、对于修复依据的合理利用以及作色尺度的把控

在对大面积缺损或者关键部位缺失的器物进行保护修复前，一般需要寻找修复依据，以保证修复工作的规范性和科学性，但也不能盲目参照修复依据，而要保持审慎的态度，辩证看待。作色时，需要尽可能做到真实性与艺术性统一，但当依据不充分时，应严格控制作色尺度，进行差异化处理，达到远看一致相协调、近看有区别的效果。

清代蓝釉将军盖罐修复前盖与钮有残缺(图 3-65)，从钮的根部残留部分无法确定钮的原貌。补配时以青花将军盖罐钮的外观作为依据的理由不充分，故在后续修复过程中，做出了拆卸钮部补配、恢复原有残损状况的调整(图 3-66)，待有充分参考依据时再做修复处理。

图 3-65　清代蓝釉将军盖罐修复前盖与钮有残缺

图 3-66　拆卸补配的清代蓝釉将军盖罐钮

清代青花山水人物将军盖罐(图 3-67)主要病害是钮残缺。修复前，通过查阅资料，比对同期将军罐钮的特征(图 3-68)，再根据此器物的实际情况确定钮的形状并实施保护修复(图 3-69)。

图 3-67　清代青花山水人物将军盖罐修复前后对比

图 3-68　清代将军罐钮参考图

图 3-69　清代青花山水人物将军盖罐钮修复过程

中华民国时期青花草叶云纹瓷观音像(图 3-70)的主要病害是手指残缺，器身有洞。修复前，通过查阅资料，收集常规的观音佛手形状作为主要参考依据(图 3-71)，但需要注意的是，观音手部形态万千，状态也各不相同。因此，此观音像的修复应该根据文物的实际情况，而不是完全参照修复依据表现出的形态去实施保护修复。具体修复措施如下：

首先对观音像进行清洗，去除各类附着物。补配时，根据器物本身残余部分和参照依据，确定观音像缺失的手部走势和大致宽度，用速干胶做出骨架，再用 509 环氧树脂胶、滑石粉及砂纸进一步打磨塑形，直至与器身整体协调。塑造观音像手部时，按照修复依据，先做出手掌和手指的主体部分，然后雕刻出指缝，打磨手部细节(图 3-72)。因为手指部位缺乏充足、确切的修复依据，修复只是表现出其最有可能存在的一种形态，所以上色时必须进行差异化处理，不能与本体颜色完全一致，避免传达错误的文物信息，对观众造成误导。

图 3-70　中华民国时期青花草叶云纹瓷观音像修复前后对比

图 3-71　中华民国时期青花草叶云纹瓷观音像修复参考图

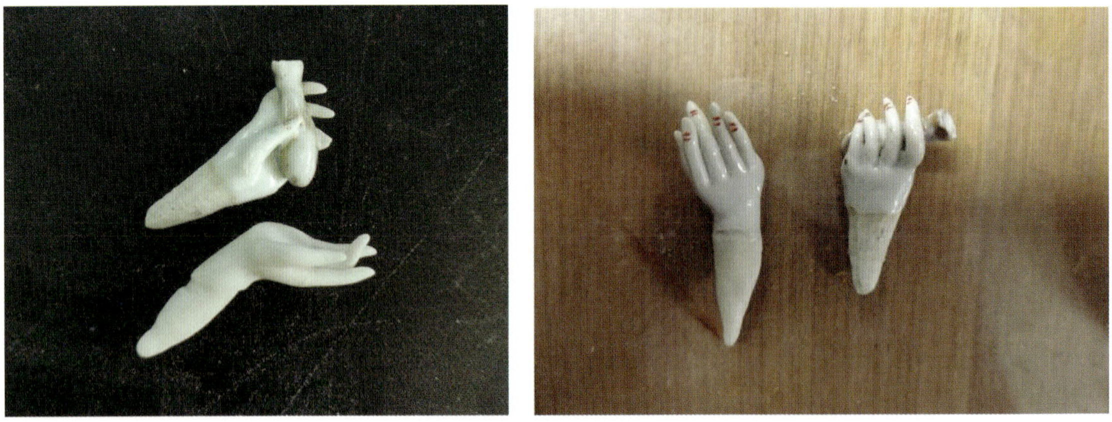

图 3-72　中华民国时期青花草叶云纹瓷观音像修复过程

三、对于大面积缺损器物的处理

对于大面积缺损的瓷器，通常很难根据仅有的碎片推断出其原本的形状，这给修复工作尤其是补配工作造成极大困难。

宋代敞口斜直高颈广肩双流深弧腹圈足黄釉瓷执壶(图 3-73)，主要病害为整个执手遗失，口沿残缺、流口残缺。对该器物进行修复时，首先清洗，然后用手术刀或竹签轻轻去除器物表面的附着物，在补配时先根据可靠资料，在符合器物基本走势的基础上进行塑形及打磨，再根据执壶的整体造型和残损痕迹，确定壶流的具体位置并进行粘接(图 3-74)。整个过程要根据实际情况和器物的整体协调性不断调整，做到和原器物一致(图 3-75)。

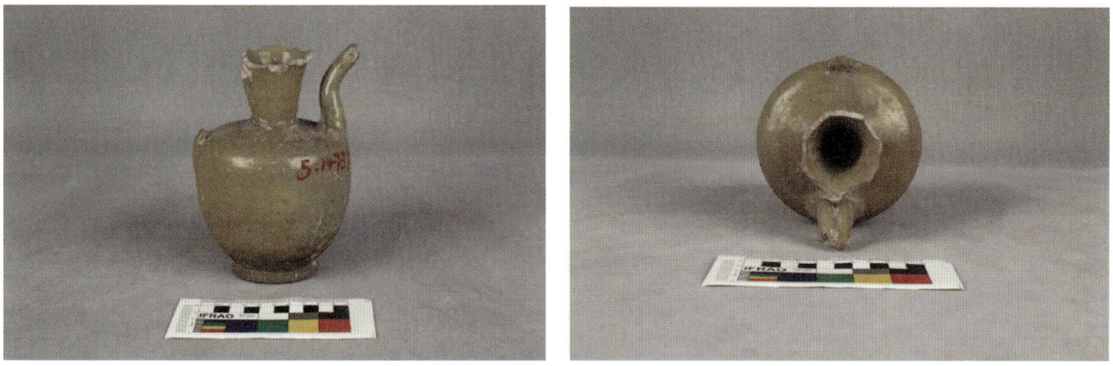

图 3-73　宋代敞口斜直高颈广肩双流深弧腹圈足黄釉瓷执壶修复前

图 3-74　宋代敞口斜直高颈广肩双流深弧腹圈足黄釉瓷执壶修复过程

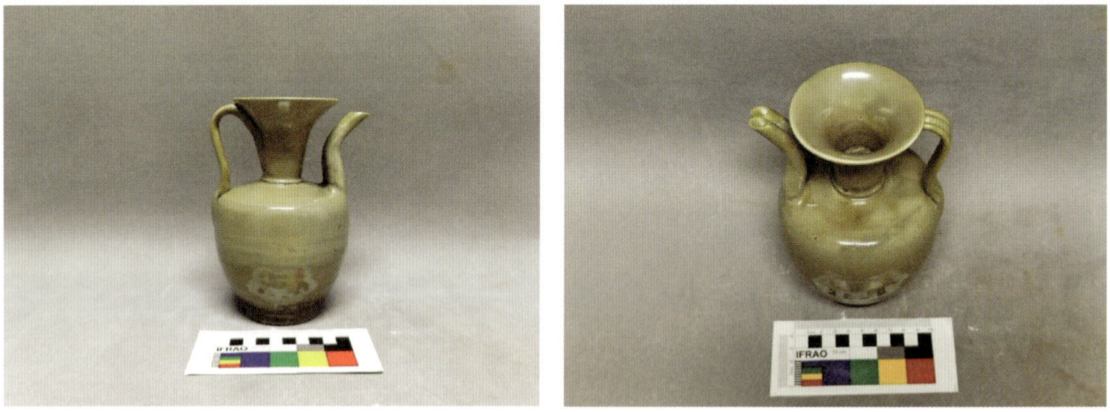

图 3-75　宋代敞口斜直高颈广肩双流深弧腹圈足黄釉瓷执壶修复后

四、对于严重破碎器物的粘接

如图 3-76 所示，对这类破碎严重的瓷器实施粘接之前，需要通过现状调查了解器物胎、釉、彩的状况，为选择粘接材料、粘接范围提供依据。具体修复措施如下：

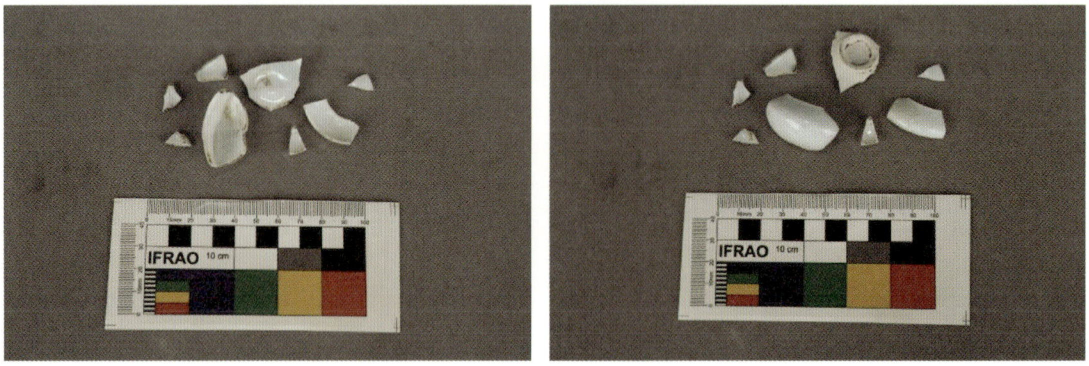

图 3-76　宋代扁折腹圈足草叶纹灰胎青瓷罐修复前

首先，对器物原有不当粘接进行拆卸处理，利用超声波清洗仪、手术刀并辅以相关化学试剂等去除碎片之间的老化胶体，这是保证后续粘接质量的基础。随后对器物进行预拼接，拼接时使用胶带将碎片临时固定，确认各个碎片的位置，确定局部碎片粘接的先后顺序，再使用爱牢达 2020 环氧树脂胶按照之前拼接的顺序逐片进行粘接(图 3-77)。

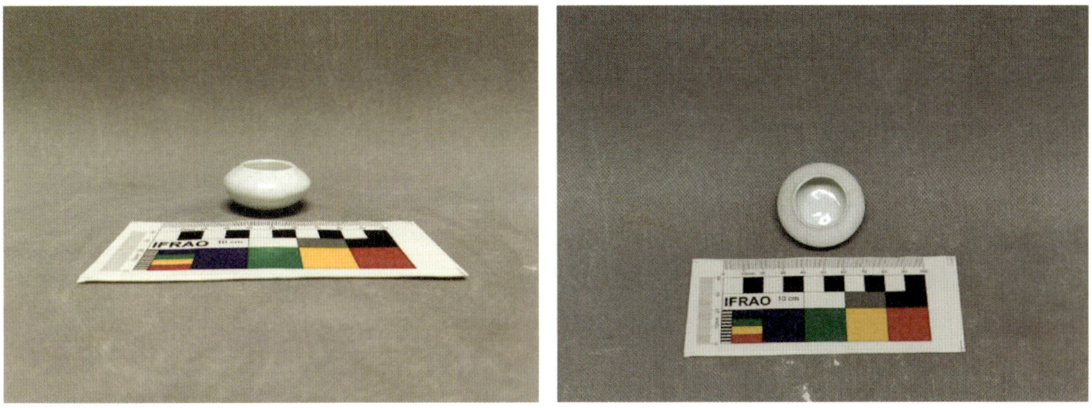

图 3-77　宋代扁折腹圈足草叶纹灰胎青瓷罐修复后

五、对原有器物制作工艺的还原

如图 3-78 至图 3-81 所示，这 4 件(套)将军罐都存在盖钮缺失的情况，从钮根部残留部分可知原钮皆为宝珠形钮。

图 3-78　清代青花云龙纹将军盖罐

图 3-79　清代白釉将军盖罐

图 3-80　清代青花山水纹将军盖罐

图 3-81　清代青花云龙纹将军盖罐

图 3-82　将军罐钮下腹部的穿孔

此盖制作成形工艺为盖身与钮单独成形，后粘接成一体。由于钮为中空，与盖身粘接后，封闭其内的空气在器物烧制过程中会遇热膨胀，容易使钮开裂，形成次品。所以制作时，在钮与盖身粘接后需要在钮下腹部穿一个孔（图 3-82），供内外空气流通，保证成品质量。从其他钮部完好的将军罐可见这一工艺的痕迹。

六、对器物历史修补痕迹的处理

保留部分器物上锔瓷修补痕迹，如实记录这些器物的保护修复经历并展示传统锔瓷工艺风貌。

如图 3-83 所示清代斗彩人物大汤碗，在实施保护修复过程中，初期虽然对锔钉予以保留，但是对锔瓷形成的修补痕迹进行了遮盖（图 3-84）。这种处理使得此器物在对外展示时，观者无法看到锔瓷修补的情况，也就无法理解一个完整的器物为什么要加锔钉，从而造成文物信息传递混乱，无法准确反映实际状况。故后期又恢复了器物破碎痕迹(图 3-85)，完整传达文物信息。

图 3-83　清代斗彩人物大汤碗

图 3-84　碗内部破碎痕迹被遮盖

图 3-85　清代斗彩人物大汤碗修复后

第八节　部分瓷器文物保护修复前后对比

荆州博物馆这两批瓷器文物中部分器物保护修复前后对比详见表 3-11。

表 3-11　部分瓷器文物保护修复前后对比

序号	器物名称	藏品编号	保护修复前照片	保护修复后照片
1	斗彩人物大汤碗	2:1263		
2	兰花瓷碗	5:2930		
3	粗瓷碗	5:2932		

续表3-11

序号	器物名称	藏品编号	保护修复前照片	保护修复后照片
4	兰花瓷碗	5:2918		
5	青花龙纹香炉	5:2877		
6	青花瓷碗	5:2934		
7	瓷碟	5:2936		

续表3-11

序号	器物名称	藏品编号	保护修复前照片	保护修复后照片
8	瓷碟	5:2937		
9	瓷碟	5:2938		
10	青花云龙纹碗	5:2940		
11	豆青釉瓷碗	5:2952		

续表3-11

序号	器物名称	藏品编号	保护修复前照片	保护修复后照片
12	蛋青釉瓷碗	5:2954		
13	瓷碗	5:2957		
14	白瓷小瓷盒	5:2958		
15	青釉瓷碗	5:2960		

续表3-11

序号	器物名称	藏品编号	保护修复前照片	保护修复后照片
16	瓷碗	5:2961		
17	青釉圆形瓷盒	5:2964		
18	青釉小瓷瓶	5:2965		
19	瓷碟	5:2966		

续表3-11

序号	器物名称	藏品编号	保护修复前照片	保护修复后照片
20	影青釉瓷盘	5:2967		
21	白釉瓷碗	5:2979	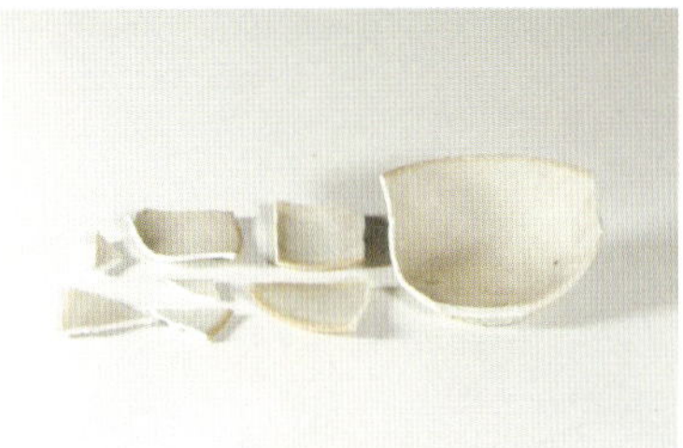	
22	白瓷瓷壶	5:2995		
23	高足白瓷碗	5:2999		

续表3-11

序号	器物名称	藏品编号	保护修复前照片	保护修复后照片
24	青瓷瓷钵	5:1356		
25	青瓷瓷碗	5:1358		
26	高足白瓷碗	5:2858		
27	青瓷杯	5:6655		

续表3-11

序号	器物名称	藏品编号	保护修复前照片	保护修复后照片
28	青瓷盘口壶	5:6669		
29	青花瓷碗	5:6605		
30	豆青釉瓷碗	5:6612		
31	青瓷杯	5:6616		

续表3-11

序号	器物名称	藏品编号	保护修复前照片	保护修复后照片
32	白釉碗	5:6619		
33	白瓷碗	5:6620		
34	黄釉瓷罐	5:6624		
35	瓷罐	5:6637		

续表3-11

序号	器物名称	藏品编号	保护修复前照片	保护修复后照片
36	白瓷葵口瓷碗	5:6648		
37	瓷碗	5:6649		
38	盘口壶	5:6653		
39	青釉盂	5:6658		

续表3-11

序号	器物名称	藏品编号	保护修复前照片	保护修复后照片
40	窑变釉瓷瓶	2:470		
41	窑变釉长颈蒜头瓷瓶	2:471		
42	白釉冰裂纹双耳兽足瓷香炉	2:757		

续表3-11

序号	器物名称	藏品编号	保护修复前照片	保护修复后照片
43	青花八宝祥云圈足方形瓷香炉	2:764		
44	青花缠枝花卉纹瓷蜡台	2:783-2		
45	矾红印章瓷杯	2:1137		

续表3-11

序号	器物名称	藏品编号	保护修复前照片	保护修复后照片
46	青花寿字瓷杯	2:1138		
47	红釉描金兰草纹带盖瓷茶壶	2:1148		
48	粉彩人物附托瓷盖碗	2:1235		
49	青花花卉纹瓷碗	2:1273		

续表3-11

序号	器物名称	藏品编号	保护修复前照片	保护修复后照片
50	青花缠枝花卉纹瓷盖罐	C1220		
51	冰裂纹白瓷罐	C1219		
52	扁折腹圈足草叶纹灰胎青瓷罐	黄山 M338:9		

续表3-11

序号	器物名称	藏品编号	保护修复前照片	保护修复后照片
53	弧腹平底灰胎酱黄釉水波纹瓷碗	黄山 M338:5		
54	敞口假圈足青瓷碗	白马寺 M3:1		
55	影青瓷高柄盏	5:14759 (白马寺)		
56	敞口斜直高颈广肩双流深弧腹圈足黄釉瓷执壶	东升超市 T3		

续表3-11

序号	器物名称	藏品编号	保护修复前照片	保护修复后照片
57	敞口圈足青瓷碗	东升超市采 2		
58	站姿红胎绿釉陶鸭	罗家院子M3:8		
59	四系折腹饼足刻纹灰胎酱黄瓷罐	张家山M22:5		
60	敞口印花黄釉瓷碗	高家濠T2		

第四章
荆州博物馆陶瓷文物预防性保护与展示利用

第一节　陶瓷文物的预防性保护

一、预防性保护的内容

过去，文物保护是被动的，东西坏了再去修。现在文物保护的概念已经发展为预防性保护，从被动保护到主动保护。近年来，预防性保护理念已成为国际文化遗产保护的共识。《国家文物博物馆事业发展“十二五”规划》中明确将文物的预防性保护作为重点内容；《国家文物事业发展“十三五”规划》强调，文物保护实现由注重抢救性保护向抢救性与预防性保护并重转变，由注重文物本体保护向文物本体与周边环境、文化生态的整体保护转变，确保文物安全。

要弄清预防性保护，首先要知道什么是“保护”。在保护学科定义中，保护和修复有着显著区别，保护主要有两方面含义：一是控制环境，将环境对文物的损害降到最低；二是抑制损害并使其处于稳定状态，防止发生进一步损害。修复是保护的第二点含义的延伸，是使文物能够继续保存和陈列的手段。弄清了什么是保护，自然就不难理解“预防性保护”这一概念。文物预防性保护就是以文物为本，重在预防，主要通过控制环境为文物提供合适的保存条件，对可能出现的种种损坏文物的情况进行科学预测、分析、研究，最大限度地避免对文物的损害。从馆藏文物保存环境的角度研究对文物的保护，应用现代科学技术手段，结合文物自身的物理性质，对馆藏文物保存和展示的环境进行有效的监测和调控，最大限度地抑制和延缓环境因素对文物造成的破坏作用，着重于“防”。因此，预防性保护是馆藏文物保护工作的重点，是延长文物寿命的重要方法，对文物安全健康保存具有现实意义。

二、陶瓷文物预防性保护的措施

预防性保护是为实现文物藏品长久保存而开展的一项综合性工程，它是通过有效的质量管理、监测、评估、调控干预等手段，抑制各种环境因素对文物藏品的伤害，努力使文物存放的环境稳定、洁净，最大限度地阻止或延缓环境因素引起的文物性质的改变，从而实现文物藏品长久保存的目的。2018 年国家文物局发布了《国家文物局办公室关于加强可移动文物预防性保护和数字化保护利用工作的通知》(办博函〔2018〕348 号)，该通知明确指出了可移动文物预防性保护工作内容主要包括以下四个方面：文物保存环境监测、文物保存环境调控、文物保存设施和博物馆防震减震。其中，文物保存环境监测与调控、文物保存设施配置是最基础性的预防性保护。此外，文物藏品的日常养护、防止人为因素导致的藏品损坏，还有建立长效预防性保护风险预控机制，也是文物预防性保护工作的内容。

从馆藏文物保存环境的角度来思考对文物的预防性保护，确保包括文物库房、展厅、展柜、储藏柜(箱、盒)以及运输过程中等空间中的各种物理、化学、生物条件符合文物保护的需要；同时还要对文物进行日常的保养工作，包括防潮湿、防干燥、防污染、防灰尘、防光辐射、防虫蛀、防霉菌、防腐蚀、防变色、防老化等多个方面。既采用先进的科学技术手段，又重视民间传统收藏经验总结的保养方法。目的是使文物处于一个"稳定、洁净"的安全保存环境，尽可能阻止或延缓文物的物理、化学性质改变，让文物"延年益寿"。

鉴于此，荆州博物馆陶瓷文物预防性保护主要包括以下几个方面的内容：

(一) 做好环境管理

环境管理包括文物保存环境监测和文物保存环境调控。文物保存环境监测即建设环境监测平台，针对温度、湿度、光照度、污染气体(包括颗粒物)等配置监测终端；文物保存环境调控即配置温度、湿度、污染物等主动调控设备，配置调湿剂、吸附剂等被动调控材料，配置适用于博物馆展厅及库房的照明设施。

陶瓷文物保管及展示环境应保持适当的温度和湿度，一般而言，陶瓷文物保存温度一般控制在 18～24 ℃，湿度为 50%～60%，避免极端温湿变化导致文物受损。一方面，荆州市位于北亚热带季风湿润气候区，四季分明，天气过于炎热或者过于寒冷都会对文物产生一定影响；另一方面，由于荆州博物馆的库房是长期封闭的，所以其内部环境比较复杂，尤其是在没有调控设备的情况下，其内部环境会受到外部环境的影响，并且由于温度变化比较大，库房内还会产生一些有害物质，如果不能妥善处理，那么将会对文物产生不利影响。因此对湿度、温度以及污染物进行监测，对库房和展厅中央空调系统进行升级改造，配备空气净化机、加湿除湿一体机等设备，可以有效保证文物储存环境的稳定性。

（二）加强结构性保护

由于陶瓷文物具有易碎属性，因此加强结构性保护是对陶瓷文物进行预防性保护的重要工作。一方面，做好陶瓷文物本身的加固措施，如处理影响器物本身稳定性的病害，如裂缝、脱釉等。另一方面，陶瓷器物需放置于安全稳定的环境之中，主要体现在库房保管、包装和运输及陈列展览三个场景中。

首先，在库房保管过程中要合理配备文物储藏柜架和文物储藏囊匣。陶瓷器可以放置在多功能文物储藏柜中，但是如果文物体积过大，则不能放置其中。文物储藏囊匣是密闭式的，可以为文物提供一个良好的储存环境，有效降低外部环境变化对文物造成的不良影响。文物储藏囊匣一般分为碳纤维囊匣和无酸纸囊匣。碳纤维囊匣质量轻且强度大，这不仅便于文物预防性保护工作的开展，而且能够对文物起到很好的保护作用。无酸纸具有质地柔软、富有弹性以及无有害物质的特点，故无酸纸囊匣内衬可以根据文物的大小以及特性量身定做，内衬与文物贴合紧密，从而创造一个对文物十分友好、能够充分保护文物的环境，可以有效降低震动对文物造成的不良影响。

其次，包装和运输过程中应该采用专业的方法和材料，避免陶瓷文物损坏。随着博物馆展览、借展和流动展等活动增加，采用专业的包装和运输方式是减少陶瓷文物损害的重要预防性措施。包装前要全面了解陶瓷文物的重量、体积、易碎程度以及造型特征，弄清楚陶瓷文物结构以及是否修复过。在条件许可的情况下，每件藏品应装入特制的囊匣，再放入包装箱。不具备上述条件时，包装应谨慎小心，每件藏品用 1～2 厘米厚的海绵包裹严实，用绳带捆扎好，包装箱底及四周需用软纸、海绵铺垫、填充，器物之间应加海绵隔离。凡是带附件的器物（如盖、座），其附件均应单独包装。

最后，器物陈列展览过程中应用透明尼龙线固定，防止晃动等导致器物破碎。对于修复后器物的陈列展览，需注意固定尼龙线时应避开加固部位。展柜本身也需加强稳定性，展柜的材质多为单层钢化玻璃，单层钢化玻璃具有自爆的风险，为了最大限度地降低展柜单层钢化玻璃对文物陈列和观众人身安全的影响，在展柜玻璃外侧可贴覆防爆玻璃膜，提高玻璃的防爆性能；同时，安装展柜玻璃震动报警装置，也可以实时监测玻璃震动情况，及时消除安全隐患。

（三）建立陶瓷文物预防性保护管理制度

建立馆藏陶瓷文物预防性保护管理制度，需要从项目管理和工作流程两方面加以重视。一方面，完善日常管理工作，在运用各类监测手段的条件下，对陶瓷文物在库房保管、陈列展览及包装运输等各种场景下做好风险管理，以达到良好的预防保护作用，全面完善预防性文物保护管理机制。另一方面，强化陶瓷文物预防性保护理念，积极开展文物保存环境监测、调控工作，研究并建立具有单位特色的博物馆环境质量监测、调控及风险评估管理体系，从规章制度、管理程序、设施装备等方面对陶瓷文物预防性保护管理机制进行规划，建立制度化、标准化的文物预防性保护工作流程。在藏品保管部安排专职工作人员，承担馆藏文物保存环境的监测和调控管理工作，以确保系统的正常运行。

第二节　陶瓷文物的展示利用

荆州博物馆五大基本展览之一“陶苑奇珍——荆州出土古代瓷器展”，展出了荆州地区历年考古发掘出土的各历史时期瓷器精品，其中以两晋、唐宋、元明时期古遗址、古墓葬出土的瓷器为主，能较全面地反映中国古代瓷器发展的几个主要阶段，并在一定程度上反映荆州作为我国古代南方政治、军事、经济重镇，一直延续着其繁华与昌盛。

一方面，由于文物的历史价值，博物馆在陈列藏品，尤其是陈列考古发掘出土的藏品时主要以文物年代进行排列展览；在对这类珍贵文物进行介绍时，通常是以文物年代为主要线索，对文物的名称、年代背景、出土位置进行叙述。而文物在古代的实际应用、文物的制作方式等，由于资料不清晰或博物馆接收信息不全面等原因，无法展现在观众眼前。另一方面，博物馆的展品多数为珍贵文物，为了保证文物安全，对这类展品进行保护与维护是必要的工作，因此无法将展品以开放的方式供观众观赏，在空间上与观众存在距离，这样在有效降低文物管理风险的同时也弱化了观众互动体验的效果。鉴于此，积极拓展陶瓷文物展示与利用方式方法是一个值得探讨的问题。

一、拓展藏品来源

文物藏品是博物馆存在和发展的根本，藏品的特质和体系决定着博物馆的发展方向和特色。现阶段荆州博物馆馆藏陶瓷文物多为荆州地区历年考古发掘出土的各历史时期陶瓷器，自新石器时代至近现代均有，但馆藏陶瓷文物年代分布不均，多集中于部分年代。因此，目前荆州博物馆展示瓷器以两晋、唐宋、元明时期古遗址、古墓葬出土的瓷器为主。

除了接收考古发掘出土文物外，文物征集等是博物馆补充藏品的重要途径。陶瓷藏品的完善是一个动态的过程，博物馆需要结合自身的特色和定位，对文物藏品资源进行有效征集。因此，博物馆应增强主动发掘意识，将民间文物作为馆藏的重要补充。荆州博物馆可根据研究及陈列展览的需要，有序地以专题形式征集一些与荆州地区历史文化相关的陶瓷文物，为城市的演进历程提供佐证。在征集过程中注意紧扣主题系统征集，同时规范整理、深入研究，以期提高博物馆藏品的数量与质量，为博物馆的发展提供更丰富、全面的文物藏品，更好地服务社会公众。有关博物馆拓展藏品来源的建议主要有以下几点：

（一）制订征集计划

为确保藏品征集工作健康有序、持续性开展，博物馆应根据现有藏品状况，制订明确的征集计划。征集的藏品要与博物馆的定位相符合，且应避免重复征集。为提高藏品征集工作效率，以便及时、准确掌握藏品征集情况，应按照“一批一档”原则，在一批藏品征集结束后及时健全完善藏品征集档案，做到入档及时、更新及时、内容真实，真正发挥档案资料备案、备查的作用，推动藏品征集工作的规范进行，使得藏品征集工作有迹可循、有据可查，实现“痕迹化管理”。

（二）泛化征集观念

国家文物局于2015年4月印发《关于开展“经济社会发展变迁物证征藏工作”试点申报的通知》，充分发挥各级博物馆，特别是基层博物馆在配合中心工作、凝固家国记忆、留住乡愁方面的作用。这为博物馆藏品征集工作打开了新思路，博物馆藏品征集不能简单以物的经济价值为标准，而应考虑保存社会记忆的功能。即不仅要收藏“昨天”，还要更多地关注“今天”。与百姓生活息息相关、反映近现代甚至当代社会生活变迁的藏品也可以成为博物馆的征集对象。例如当代的陶瓷器文创产品，尤其是荆州地区生产，或与荆州地区人、事相关的陶瓷器衍生品，在精选后都可以作为博物馆藏品征集的对象。

（三）拓展经费来源、规范经费使用程序

荆州博物馆为公益一类事业单位，经费来源为国家财政全额拨款，同我国绝大多数国有博物馆一样，征集经费短缺一直是突出问题。因此，在依靠政府财政资金开展藏品征集的基础上，寻求多元化的征集经费来源渠道是值得探讨的课题。2021年5月，中宣部等九部委联合印发的《关于推进博物馆改革发展的指导意见》第十六条明确，博物馆开展陈列展览策划、教育项目设计、文创产品研发取得的事业收入、经营收入和其他收入等，按规定纳入本单位预算统一管理，可用于藏品征集、事业发展和对符合规定的人员予以绩效奖励等。未来博物馆的文创产品、教育活动收入应该是藏品征集经费来源的主要渠道之一，这也对博物馆文创产品研发、教育活动提出了新要求。征集经费的使用最终还要经过审计程序，主要是审计该项资金是否遵照专款专用的原则使用，有无挪用串用；征集的藏品是否符合质量要求，有无质次价高和营私舞弊等问题。

（四）及时有效利用藏品

藏品征集不能重购买轻利用，要及时有效地利用征集的藏品，可通过举办征集成果专题展览、开展教育活动、开发文化创意产品等方式合理利用征集的藏品。

二、加强展品价值挖掘

各地博物馆在加强文物保护利用和文化遗产保护传承的基础上，应注重文物价值的挖掘阐释，讲好中国故事，让文物活起来。

展品是展览的内容所在和价值核心，博物馆陈列要发挥展品最大价值，需要对其中的信息进行挖掘并向观众传达。提高文物研究阐释和展示传播水平，成为博物馆发展的另一着力点。越来越多的博物馆深入挖掘文物藏品蕴涵的思想理念、人文

精神、价值观念、道德规范，推动研究成果及时转化为展览对公众进行展示，推出更多富有知识性、原创性的主题展览。因此，设计人员需要深入研究展览形式和展览内容，有效提取展品信息，有效统一展览形式和内容，让观众自然而然地接受这些信息。首先，需要根据展品的价值、制作背景、制作方法、年代等信息，建立文物台账。其次，在全面挖掘信息的基础上，从文化、视觉等方面满足观众精神层次的需求，增强观众对展品的印象。有关加强展品价值挖掘的思考主要有以下几点：

（一）确保陈列展览的可行性

研究与确定选题是陈列展览的首要环节。展览设计人员只有在对馆藏文物进行全面了解和深入研究后，才能根据藏品的数量、种类及价值确定选题。荆州博物馆的常设展览“陶苑奇珍——荆州出土古代瓷器展”展出了荆州地区历年考古发掘出土的各历史时期瓷器精品，其中以两晋、唐宋、元明时期古遗址、古墓葬出土的瓷器为主，以荆州地区为代表，以点窥面，衍生介绍了中国古代瓷器发展的几个主要阶段。该展览便是在研究荆州博物馆现有馆藏瓷器藏品数量、种类、价值的基础上设计出来的。专题展览、临时展览或交流展览的选题同样也离不开对馆藏文物的研究，它们是在对一种类型或者一个时代的某类文物进行研究的基础上形成陈列成果的，从另一个视角让藏品展现在大众面前。例如，2021年荆州博物馆馆藏的5件(套)瓷器文物参加景德镇中国陶瓷博物馆“王者之器——明代藩王用瓷特展”。

（二）保证陈列展览的科学性

陈列展览的科学性建立在深入细致的藏品研究上，这样才能正确选择恰当表达陈列主题的展品，从而准确地传播文物信息。陈列展览的表现形式不仅是简单的名称介绍，还要发掘文物本身及背后的故事，达到最大化传播文物信息的目的。例如，荆州博物馆第二批保护修复的瓷器中有部分将军罐底部有孔洞，这些有孔洞的将军罐多为丧器，与作为陈设器物或是日用器物的将军罐用途不一样，这些器物上的孔洞在保护修复时应予以保留。若这批藏品在后期进行陈列展览，保留孔洞的科学解释就建立在对其深入研究的基础上。

（三）增强陈列展览的吸引力

每件展品都蕴含着丰富的文物信息，不仅包括文物本身的原始基本信息，如名称、年代、尺寸等，而且蕴含着文物背后的文化信息。充分挖掘文物背后的文化信息并清晰地呈现给观众，能最大限度地避免走马观花式的博物馆参观，进而达到更好的展览陈列及教育效果。这些文物背后信息的挖掘也建立在大量藏品研究的基础之上。例如，荆州博物馆馆藏大量新石器时代陶器文物，通过文物研究了解到新石器时代人类已经有了审美观念，可以简单地在陶器上绘制纹饰，这就需要在展览的同时将文物背后蕴藏的文物信息展示出来，让观众更直接地了解文物背后的故事，如此，曾经的历史画面就可以更加清晰和真实地展示在公众面前。

三、提升展览水平

一方面，展览是博物馆直接面对观众的窗口，文物展示利用水平的高低直接关乎博物馆的形象，因此提升展览水平、打造精品展览势在必行。另一方面，在传统的博物馆时代，博物馆尤其是历史类博物馆按时代、地区、藏品材质推出展览即可满足观众参观需求，随着信息技术的发展和历史知识的普及，如何吸引观众，打造一个既有学术内容，又能让观众流连忘返、津津乐道的展览，是博物馆发展面临的新挑战。

（一）优化策展团队

新的形势对博物馆从业人员提出了更高要求，博物馆不仅需要具备文博考古专业知识的人才，还需要各类非文博考古专业的技术人才。落实到具体实践上，以荆州博物馆为例，藏品管理、文物保护、宣教工作和陈列展览工作必须紧密结合，各部门实现信息沟通和资源共享，要拓展藏品研究的深度和广度，同时研究成果要及时通过陈展的方式转化，且同步于宣教工作中，充分利用文物资源。

（二）创新展示方式

博物馆藏品的展示方式在不断创新和发展中，在传统的静态展览的基础上，新的展览方式不断涌现。

互动式展示方式是指观众通过参加活动增强体验感，从而增加展览的吸引力。博物馆中常见的互动式展示方式有触摸屏互动、观众参与手作等，通过这些互动方式，观众不再是被动地接收展示信息，而是积极参与其中，能更加深入理解展览主题及内涵。例如，在展示陶瓷文物的同时可以设置陶瓷手工体验馆，让观众深入体验传承千年的陶瓷制作技艺与工艺手法。

数字化展示方式为珍贵文物的全方位展示提供了可能，一方面，通过数字化展示方式（如场景复原等）动态展示藏品的历史背景、制作工艺等详细信息，使观众了解文物内容及其时代背景的同时，还可以加深其对相关知识的记忆；另一方面，传统的展示方式，观众只能从一个角度欣赏藏品，数字化的展示方式为观众全方位、多角度欣赏藏品提供了可能。

现今网络技术越来越发达，博物馆也要紧跟时代利用网络媒介加大宣传推广力度，推出网上虚拟展览很有必要。一方面，网上虚拟展览可使观众足不出户就能欣赏到优质的博物馆展览，从而增加博物馆的影响力、扩大宣传范围；另一方面，网上虚拟展览可提高展览的利用率，尤其是投入了大量精力的优质临时展览，如果制作成虚拟展览的形式，其利用率将大大增加。

（三）拓展陈展配套

通常仅仅通过观众在博物馆几小时的观展，展览效果还是有限的。因此，与展览相配套的形式多样、丰富多彩的社会教育活动是十分必要的，这样不仅可以提升展览宣传水平，还可以扩大展览的外延效果。

文化创意产品的研发则是延长展览生命力的另一重要途径。博物馆的文创商店是博物馆的“最后一个展厅”，是“让文物活起来”的重要途径。观众在参观了解博物馆展品文物信息后，通过文创产品的形式，可满足其进一步了解文物信息的需求。

四、加强合作与交流

加强博物馆的对外合作与交流是提高文物展示利用水平的重要手段。博物馆对外合作与交流主要包括博物馆之间的馆际交流与合作、博物馆与学校之间的馆校合作，以及博物馆与民间收藏组织之间的交流与合作。

（一）馆际交流与合作

博物馆的基本陈列与展览多为本地历史元素的表达，体现当地的历史特色，其展出主题、内容较为固定，在短期内更换主题从而吸引更多观众的难度较大，鉴于此，馆际交流与合作应运而生。通过不同地区与文化之间的交流，让藏品告别“束之高阁”的生活，提高藏品的利用率，使更多藏品能够面向公众公开展出，进而实现文物价值最大化和博物馆功能的社会化。

一方面，利用馆藏资源策划可行的外出文物巡展，不仅可以提高文物资源利用率，还可以为博物馆树立良好的社会形象。荆州博物馆历来重视与其他博物馆之间的交流与合作，陶瓷文物是荆州博物馆对外交流展出的重要部分。例如，2017 年荆州博物馆参加国家博物馆“秦汉文明”展；2018 年荆州博物馆在南宋官窑博物馆举办“品物流芳——荆州古代精致生活文物展”，展出馆藏文物 100 件(套)；2019 年荆州博物馆参加苏州博物馆“大邦之梦——吴越楚玉器・青瓷特展”；2020 年荆州博物馆原创展览“南有嘉鱼——荆州出土楚汉文物展”在深圳市南山博物馆展出；2021 年荆州博物馆与景德镇中国陶瓷博物馆合作举办“王者之器——明代藩王用瓷特展”；2023年荆州博物馆与青岛市城阳区文化和旅游局共同主办“极目楚天舒——楚文化特展”等。

另一方面，引进特色鲜明的他馆文物，丰富馆内临时展览。临时展览是博物馆展陈工作的重要组成部分，其展出质量高、投入资金少，是丰富博物馆展览、激发观众看展热情的有效措施。荆州博物馆引进的临时展览需要切合荆州地区及本馆的实际情况，需要仔细考量引进类型、展出时间、场地要求及展品数量等。例如，在展出类型上涉及面可以更广一些，以补充博物馆的常设展览；寒暑假开设临时展览更能吸引中小学生来馆参观；准备引进的临时展览，展品数量尽量与展厅面积相匹配，以便呈现出最佳展览效果且不造成资源浪费，同时展出之前主动宣传，激发观众的看展热情。

通过馆际交流，博物馆之间可以相互学习、取长补短，学习对方的布展形式、宣传模式、藏品保护手段等，从而达到共同提高的目的。

（二）馆校合作

加强馆校合作是提升博物馆藏品展示利用水平的另一重要手段。不同学校合作的内容与模式也不同，针对幼儿园及中小学，合作更多体现在如何促进博物馆资源与学校教育的有效衔接上，即如何充分发挥博物馆的宣传教育功能。对此，荆州博物馆开展了一系列实践活动，如荆楚文化进百校、青少年教育活动及研学课程等。通过博物馆进校园系列活动，一方面，既有助于丰富学校课程类型，又有利于博物馆实地了解学校真实的社教需求，进而为博物馆完善陈展和社教内容提供方向；另一方面，博物馆的社教力量是相对匮乏的，而学校有丰富的教育经验，但欠缺博物馆相关知识储备，因此馆校合作、取长补短是博物馆提高展陈利用水平和学校丰富教学内容的重要手段。

博物馆与高校之间的馆校合作，具体到荆州博物馆，主要体现在两个方面：一方面，长江大学作为荆州市最重要的高校，其本身设有长江大学石油科技博物馆，由于行业和资源的局限性，其陈列内容还有较大提升空间，荆州博物馆加强与其合作，既可充分利用高校博物馆本身的资源，拓展展品的展示利用空间，也可为石油科技博物馆展出内容的多样化提供可能。另一方面，荆州博物馆本身人才队伍需要优化，现有人才专业方向多集中在考古、历史、陈列等专业，设计、营销等方向专业人才较为欠缺，而高校的学生更能适应当前博物馆年轻受众群体的多样化需求，尤其是文创消费群体时尚化的需求。鉴于此，加强博物馆与高校在营销策划、创意设计、科学研究等方面的合作是馆校合作的重要内容。

(三) 博物馆与民间收藏组织之间的交流与合作

民间收藏组织是文博事业发展的重要组成部分，它具有广泛的群众基础且收藏的藏品种类众多。国有博物馆加强与民间收藏组织之间的交流与沟通，不仅可为博物馆本身展示利用提供新渠道，也有利于促进社会资源的整合，促使民间收藏组织发挥更大的社会价值。

第五章
荆州博物馆陶瓷文物精品赏析

“荆”纹陶罐

新石器时代

一级文物

高 13.6 厘米，口径 10 厘米

绹索纹红陶壶

新石器时代

一级文物

高 13.5 厘米，口径 8.2 厘米

红陶筒形瓶

新石器时代

一级文物

高 17.8 厘米，口径 6.5 厘米

堆纹红陶筒形器

新石器时代

一级文物

上部分高 70 厘米，口径 11 厘米；下部分高 96.4 厘米，口径 29 厘米

黑陶大缸

新石器时代

一级文物

高 40 厘米，口径 39 厘米

镂空灰陶盘

新石器时代

一级文物

高 18.7 厘米，口径 29.6 厘米

刻划符号红陶缸

新石器时代

一级文物

高 48 厘米，口径 30.5 厘米

黑陶圈足壶

新石器时代

一级文物

高 18.5 厘米，口径 7.3 厘米

猪形红陶埙

新石器时代

一级文物

长 8.4 厘米，高 4.4 厘米

红陶瓶

新石器时代

一级文物

高 19 厘米，口径 6.3 厘米

彩陶碗

新石器时代

一级文物

高 8.4 厘米，口径 11.8 厘米

红陶薄胎杯

新石器时代

一级文物

高 6.6 厘米，口径 9.7 厘米

弦纹红陶纺轮

新石器时代

一级文物

直径 3.3 厘米，厚 0.5 厘米

涡纹红陶纺轮

新石器时代

一级文物

直径 3.2 厘米，厚 0.4 厘米

红陶器座

新石器时代

一级文物

直径 17.5 厘米，高 10 厘米

陶罐上的刻画人物

罐腹部刻画一人像。人像作站立状，方冠，冠上插羽，方口，直鼻，细颈，两臂平伸，右手似执一钺，两腿分开，双脚着靴。[①]

酋长图灰陶罐

新石器时代

一级文物

高 29.8 厘米，口径 13 厘米，底径 8.2 厘米

① 湖北省荆州博物馆，湖北省文物考古研究所，北京大学考古学系，等.肖家屋脊[M].北京：文物出版社，1999.

青白瓷印泥盒

宋

一级文物

高 5.6 厘米，口径 9 厘米，底径 7.7 厘米

吉州窑剪纸贴花凤纹碗

宋

一级文物

高 7.3 厘米，口径 17.4 厘米，底径 5.1 厘米

吉州窑缠枝牡丹纹枕

宋

一级文物

长 45 厘米，高 15 厘米，宽 15 厘米

青瓷荷叶盖罐

南宋

一级文物

高 28 厘米，口径 25 厘米，底径 19.5 厘米

釉里红凤舞缠枝菊花纹盖罐

元

一级文物

高 46.7 厘米，腹围 83.5 厘米，口径 13 厘米，底径 13.5 厘米

印花豆青釉人物图瓷碗

元

一级文物

高 9.5 厘米，口径 15.3 厘米，足径 6.3 厘米

铺首耳白釉尊

明

一级文物

高 65 厘米，腹围 171 厘米，口径 54 厘米，底径 34 厘米

影青釉刻花牡丹纹碗

宋

二级文物

高 4.9 厘米，口径 14.5 厘米，底径 3.7 厘米

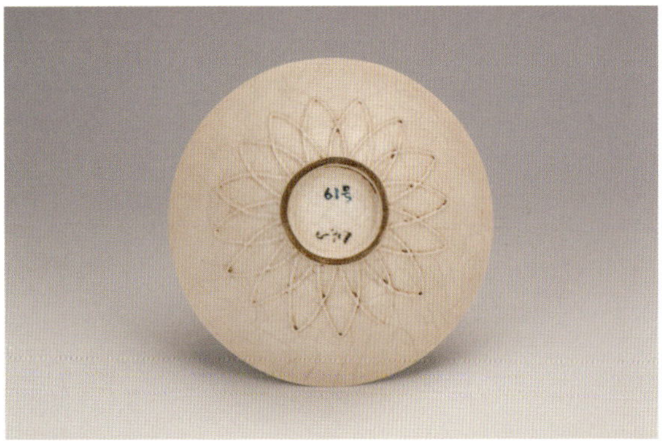

白釉剔花龙纹碗

宋

二级文物

高 5.4 厘米，口径 13.1 厘米，足径 3.8 厘米

蓝釉盘

元

二级文物

高 3.6 厘米，口径 14.7 厘米，足径 6.5 厘米

龙泉窑梅花鼓钉三兽足洗

明

二级文物

高 9.5 厘米，口径 31.6 厘米

龙泉窑印花龙纹盘

明

二级文物

高 7 厘米，口径 34 厘米，底径 12.5 厘米

龙泉窑刻花花卉纹罐

明

二级文物

高 15.6 厘米，口径 9 厘米，底径 8.5 厘米

青花仕女图罐

明

二级文物

高 16.5 厘米，口径 7.8 厘米，底径 8.4 厘米

哥釉盘

明

二级文物

高 5.5 厘米，口径 26.5 厘米，底径 15 厘米

青花釉里红蝶恋花纹凤尾瓶

清

二级文物

高 64.5 厘米，口径 28 厘米，腹径 31 厘米，底径 23 厘米

青花人物图碗

清

二级文物

高 15 厘米，口径 34 厘米，底径 16 厘米

“大清康熙年製”款黄釉云龙纹碗

清

二级文物

高 7.7 厘米，口径 23.5 厘米，足径 6 厘米

青花缠枝菊纹圆盘

清

二级文物

高 4.5 厘米，口径 25.5 厘米，底径 16 厘米

“大清光绪年製”款粉彩龙纹盘

清

二级文物

高 7 厘米，口径 43 厘米，底径 24.3 厘米

彩绘菱形纹陶壶

战国时期

三级文物

高 31.5 厘米，口径 10 厘米，底径 13 厘米

红陶犀牛

东汉

三级文物

长 25 厘米，高 12 厘米

青釉龙首四系盘口壶

南北朝

三级文物

高 33 厘米，口径 8.2 厘米

白釉孩儿枕

宋

三级文物

长 25 厘米、高 18 厘米

①

白釉暗花龙纹盖罐

明

三级文物

通高 30.5 厘米，口径 12.3 厘米，腹径 22.5 厘米，底径 15 厘米

---

① 贺燕琼.湖北荆州出土明代永乐白釉盖罐[J].南方文物，2009(3)：170-171，封 2.

白釉暗刻凤纹盖罐

明

三级文物

通高 28.5 厘米，口径 11.1 厘米，腹径 21 厘米，底径 13.7 厘米

① 贺燕琼.湖北荆州出土明代永乐白釉盖罐[J].南方文物,2009(3):170-171,封 2.

青花龙纹香炉

明

三级文物

高 13 厘米，口径 24.5 厘米，底径 12.5 厘米

龙泉窑龙纹盘

明

三级文物

高 5.4 厘米，口径 33.5 厘米，底径 23 厘米

青花葡萄纹盖罐

清

三级文物

高 60 厘米，口径 19 厘米

青花缠枝牡丹纹盖罐

清

三级文物

高 58 厘米，口径 19.5 厘米，腹径 39 厘米，底径 27 厘米

青花云龙纹盖罐

清

三级文物

高 62 厘米，口径 21.5 厘米，腹径 42 厘米，底径 27 厘米

青花龙穿牡丹纹缸

清

三级文物

高 31 厘米，口径 36 厘米，底径 22 厘米

“大清乾隆年製”款粉彩轧道缠枝莲纹碗

清

三级文物

高 8.4 厘米，口径 19.3 厘米，足径 9 厘米

“大清光绪年製”款粉彩黄地轧道龙纹杯

清

三级文物

口径 8.5 厘米，高 6.2 厘米，底径 3.6 厘米

参考文献
References

[1] 荆州市人民政府网.自然地理[EB/OL].(2022-04-02)[2023-08-20].http://www.jingzhou.gov.cn/zfwzjjz/zjjz_1487/zrdl/201904/t20190403_770.shtml.

[2] 荆州市人民政府网.历史沿革[EB/OL].(2022-04-03)[2023-08-20].http://www.jingzhou.gov.cn/zfwzjjz/whjz/jzls/201904/t20190403_847.shtml.

[3] 尹弘兵.早期楚文化初析[J].江汉考古,2011(3):73-80.

[4] 荆州市人民政府网.历史文化[EB/OL].(2023-04-03)[2023-08-20].http://www.jingzhou.gov.cn/zfwzjjz/whjz/rwfs/lswh/201904/t20190403_1014.shtml.

[5] 张正明.楚文化史[M].上海:上海人民出版社,1987.

[6] 中共荆州市委外事工作委员会办公室,荆州市人民政府外事办公室.荆州历史文化[EB/OL].(2013-08-26)[2023-08-20].http://wqj.jingzhou.gov.cn/z/xinwenzhongxin/jinrijingzhou/2017-02-07/132.html.

[7] 湖北省博物馆协会.湖北博物馆年鉴(2017)[M].武汉:长江出版社,2018.

[8] 湖北省博物馆协会.湖北博物馆年鉴(2018)[M].武汉:湖北科学技术出版社,2020.

[9] 湖北省博物馆协会.湖北博物馆年鉴(2019)[M].武汉:武汉大学出版社,2020.

[10] 湖北省博物馆协会.湖北博物馆年鉴(2020)[M].武汉:武汉大学出版社,2021.

[11] 湖北省博物馆协会.湖北博物馆年鉴(2021)[M].武汉:湖北美术出版社,2022.

[12] 宋旸,王海红.文物预防性保护研究——传统囊匣的制作工艺[C]//中国文物保护技术协会.中国文物保护技术协会第七次学术年会论文集.北京:科学出版社,2013.

[13] 徐方圆,吴来明.馆藏文物预防性保护发展浅析[N].中国文物报,2019-11-08(5).

[14] 密淑飞.文物收藏和保护中的预防性保护探究[J].中国民族博览,2019(5):234-236.

[15] 单雾翔.开拓博物馆文物藏品资源有效汇集的渠道[J].东方博物,2013(3):112-119.

[16] 高峰.新时代博物馆文物的价值发掘与宣传策略——让文物"活"起来,走出去[J].公关世界,2022(3):22-24.

[17] 孟祥鹏.文物预防性保护在博物馆中的应用策略[J].文物鉴定与鉴赏,2022(6):42-44.